Christine Kaufmann wurde 1945 in Österreich geboren. Mit 9 Jahren wurde sie in der Rolle der Rosen-Resli zum geliebten Kinderstar der Nation. Danach setzte sie ihre Filmerfolge in Italien fort und wurde von dort aus mit 16 Jahren nach Hollywood engagiert. Mit 18 Jahren heiratete sie ihren Filmpartner Tony Curtis und bekam kurz darauf zwei Töchter. Als sie nach Deutschland zurückkehrte, nahm sie ihre Film- und Bühnenarbeit wieder auf. Sie arbeitete mit Zadek, Fassbinder, Schroeter und Savary und wirkte u. a. in Filmen mit wie »Stadt ohne Mitleid«, »Die wilden Fünfziger« und »Die Schaukel«. Sie zählt heute zu den wenigen deutschen Weltstars, die bei Film, Fernsehen und auf der Bühne zu Hause sind.

Christine Kaufmann:
Körperharmonie

Schönheit und Gesundheit
als Spiegelbild
bewußter Lebensgestaltung

Inhalt

Warum ich dieses Buch geschrieben habe

»Sehr hübsch, aber kein inneres Feuer. Sind Sie Vegetarierin?«
Das waren die ersten Worte, die Betty Lee Morales, die kalifornische Ernährungspäpstin, an mich richtete.
Ich war damals neunzehn Jahre alt und erwartete mein erstes Kind. Helen, meine Sekretärin und Freundin, hatte mich zu Betty gebracht, nachdem mir mein Frauenarzt auf Klagen über Müdigkeit und Blässe nur mit Tabletten helfen wollte – allerdings mit dem zusätzlichen Hinweis, daß man als Schwangere eigentlich keine Tabletten nehmen solle.
»Das bringen wir schon in Ordnung«, sagte Helen und brachte mich, wie gesagt, zu der quicklebendigen und vor Energie sprühenden Betty Lee, die mir dann genau erklärte, wie man auch als Vegetarierin sein für den Körperhaushalt notwendiges Eisen bekommt und mit welchen Zusätzen ich meine Ernährung – und damit auch die meines ungeborenen Kindes – aufwerten könnte.
Als Alex schließlich auf die Welt kam, gab es folgende Bilanz: keine Schwangerschaftsstreifen, Gewicht 52 Kilo (vor der Schwangerschaft waren es 52,5 Kilo gewesen), Milch in Hülle und Fülle – und vor allem ein wunderschönes, gesundes und gar nicht verquetschtes Baby. Für mich natürlich das schönste auf der Welt!

7

Probleme allerdings hatten die Krankenschwestern mit meinem neuerworbenen inneren Feuer: Wenige Stunden nach der Geburt ging ich mit gepacktem Koffer durch die Flure. Wütend und weinend, weil ich mein Kind nicht im Zimmer fand. Man hatte es – wie damals üblich – weg von der Mutter in einen Säuglingsraum gebracht. Durch eine starke Schlaftablette gebändigt, verbrachte ich doch noch eine Nacht im Krankenhaus und fuhr am nächsten Tag mit meinem Baby heim.

»You are, what you eat« – »Du bist, was du ißt«, hieß damals das Schlagwort der kalifornischen »Gesundheitsapostel«, deren Ernährungsprinzipien überhaupt nicht weltfern, sondern absolut bodenständig waren. Als ich aber nach einigen Jahren Amerika-Aufenthalt wieder nach Deutschland zurückkehrte, fand ich weder das karge und teure Angebot noch die Krankenhausatmosphäre in den vegetarischen »Speisegaststätten« akzeptabel. In den entsprechenden amerikanischen »Healthfood«-Restaurants dagegen war das Essen gewesen, was es sein soll: lustbetont und bekömmlich, mit Wein (selbstverständlich ohne Zusätze) und Fleisch (ohne Hormone) usw. In Deutschland gab es nicht einmal mehr das leckere Obst und Gemüse, wie ich es noch aus meiner Kindheit kannte. Meine Erinnerung an die deutschen Sommer verband ich mit dem Geruch warmer Wiesen und dem unendlich sinnlichen Genuß von Pfirsichen. Der samtigen Haut entledigt, waren sie so saftig und üppig, daß man sie nicht essen konnte, ohne Hals, Hände, Arme und sogar noch den Pullover zu »beteiligen«. Bei meiner Rückkehr gab es Pfirsiche zwar das ganze Jahr über – aber schmecken taten sie nie.

Schlimmer war für mich jedoch, daß es in Deutschland keine ganzheitliche Ernährungs- und Gesundheitsberatung gab wie bei Betty Lee Morales. Man mußte tatsächlich warten, bis man krank wurde, um dann zum Arzt zu gehen – alles andere blieb dem Zufall überlassen. Für mich aber war die Beschäftigung mit Aussehen und Gesundheit eine Notwendigkeit. Besonders deshalb, weil ich damals als *nur* schön galt. Obwohl ich mir selber nie gefiel, mußte ich ganz einfach das pflegen, was es mir möglich machte, Geld zu verdienen. Aber schön sein als Ziel gab mir nichts. Ich wollte lebendig und vital sein. Also fing ich an, alles an Informationen zu sammeln. Aus meinen jahrelangen persönlichen Erfahrungen ist nun dieses Buch entstanden über den Zusammenhang von Ernährung, Nährstoffen und Körperfunktionen.

Ein Buch, wie ich es selbst immer gern gehabt hätte. Ein Buch zum Selbständigsein. Um zu wissen, warum man trotz vielen Schlafens müde sein kann; um die eigenen Symptome in ihrer Bedeutung erkennen und um sie beseitigen zu können; um zu sehen, mit welchen Nahrungsmitteln oder Nährstoffen die eigenen Mangelerscheinungen behoben werden können, und das auch auf Reisen, und ohne jedesmal zum Hausarzt laufen zu müssen.

Durch Körperwissen selbständig sein ist eine Voraussetzung für eine dynamische Beziehung zur Umwelt. Denn die Umwelt geht durch unseren Magen! Haben Sie darüber schon einmal nachgedacht? Trotz der vielen Sorgen, die wir uns um das ökologische Gleichgewicht der Natur machen, vergessen wir diese Tatsache nur allzu leicht. Doch den Wunsch, schön, vital und geistig rege zu sein, können wir uns nur erfüllen, wenn wir uns in den biochemischen Abläufen in unserem Körper auskennen. Es ist gerade in letzter Zeit unglaublich viel Oberflächliches zu diesem Thema geschrieben worden, doch ganzheitlich leben und handeln heißt, die einzelnen Glieder der Kette zu finden, zu verknüpfen und dadurch einen Kreis(-lauf) zu schaffen. Denn dieser kontinuierliche Kreislauf unseres Körperhaushalts ist die Grundlage für Vitalität. Wir dürfen nicht darauf warten, bis unsere Umwelt eines Tages vielleicht wieder sauber ist, sondern müssen gezielt dafür Sorge tragen, daß unser Körper die Nährstoffe erhält, die ihn schützen und pflegen.

Dabei geht es mir nicht um eine Diät, die so schnell wie möglich wieder abgebrochen wird, sondern um eine Umschulung von schlechten auf gute Gewohnheiten. Die Trotzigkeit den Dingen gegenüber, die gut für uns sind, hängt für mich ein bißchen mit einer falsch ausgelegten »Religion« zusammen. Der Glaube: Freude muß gleich Sünde sein. Was gut und angenehm ist, kann nicht heilig sein. Was schlecht schmeckt, muß heilig machen. Was kann an einem gegrillten, gut gewürzten Huhn und einem frischen, bunten Salat Sünde sein? Mürrisch bekommt man auch immer wieder das Argument »Mir schmeckt's halt« zu hören. Als ob gesunde Sachen nicht auch schmecken könnten. Es schmeckt scheußlich, also muß es gesund sein. Nein, essen ist erotisch, es muß in erster Linie ein Vergnügen sein. Ein Teil des Lebenslaufs. Das im Mund zusammenlaufende Wasser ist eine Voraussetzung für eine gute Ernährung. Wie sie für Ihren Körper zusammengestellt sein muß, wird Ihnen zuallererst Ihr Körper sagen.

Die Gewohnheitsänderungen, die ich Ihnen mit meinem Buch vorschlagen möchte, sind nicht realitätsfern entrückt – also keine »heiligen Wasser« aus dem Himalaja, denn die gibt es weder in New York noch in Castrop-Rauxel. Sie sollen ganz im Gegenteil eine Art »Hier und jetzt«-Programm sein.

Der »Zeitgeist« macht dieses Programm zum Teil einer Bewegung, die wieder lernen will, mit den wunderbaren Kräften der Natur – auch im eigenen Körper – umzugehen. Nicht lustfeindlich, aber auch nicht sektiererhaft. Im Rahmen meines Ernährungssystems darf man durchaus auch einmal bewußt ein Glas Wein »zuviel« trinken, weil man weiß, mit Hilfe welcher Nährstoffe das wiederum ausgeglichen werden kann. Um zum Beispiel keinen Kater zu bekommen!

Das Symbiose-Konzept soll der Steigerung von Lebensfreude dienen. Es soll anregen, sich und seine Bedürfnisse – auch die des Körpers – kennenzulernen und zu verstehen, was er einem zum Beispiel sagen will, wenn man müde und blaß ist.

Christine Kaufmann

Die kleinen Helfer
und der große Unterschied

Betrachten wir unseren Körper für einen Moment als funktionierende Maschine, die gewartet werden muß, so ergeben sich ganz einfach drei zu beachtende Abläufe: nähren, reinigen und schützen. Um sie als Einheit zu verteidigen, braucht man ein wenig Disziplin, wie bei einem Ballett. Auch ein Ballett besteht aus mehreren ganz unterschiedlichen Bestandteilen, die erst in ihrer Summe das kreative Ereignis ausmachen. Tänzer, Kostüme, Musik, Bühnenboden usw.

Der Mensch ist der Ballettdirektor seines eigenen Körpers. Die Gesundheit ist, wie die Wahrheit, ein fließender Zustand. Die Voraussetzung für das Gelingen eines Balletts sind Inspiration, Disziplin und Sauberkeit. Und wenn der Boden einer Bühne nicht richtig behandelt wird, wenn er etwa mit Schmierseife gewaschen wird, dann würde selbst ein Baryschnikow auf die Nase fallen. Sauberkeit ist, sowenig man im ersten Moment daran denken mag, der Grundstock für alle folgenden Abläufe, deren Schönheit wir am Ende genießen. Und genauso ist es mit unserem Körper. Deshalb ist das Wichtigste, was wir wirklich tun können, für die Sauberkeit des Körpers zu sorgen. Nun ist Säubern und Reinigen ein Anliegen vieler Hausfrauen. Nur ist das, was heute als sauber gilt, Ausdruck einer unglaublichen Fehlentwicklung. Denn wirkliche Sauberkeit ist nicht weiß und steril, sondern stellt ein harmonisches Gleichgewicht zwischen unserer Innenwelt und der Umwelt her. Kaum eine Frau denkt daran, wenn sie sich Präparate der pflegenden Kosmetik zulegt, daß die äußerlichen Symptome, die sie mit der Kosmetik behandeln will, in fast hundert Prozent der Fälle Folgen von Toxinen, das heißt Verschlackungen des Körpers sind, die sich durch eine Creme nicht verbessern, sondern eher verschlechtern. Dieselbe Creme kann jedoch sehr effektiv wirken, wenn wir erst einmal eine Entgiftung, eine Säuberung des Körpers vorgenommen haben. Erst dann ist eine Regeneration von außen nach innen mit Hilfe möglichst natürlicher kosmetischer Produkte optimal möglich.

In den sechziger Jahren, als die Forschung auf dem Gebiet der Gerontologie, der Altersforschung, populär wurde, sah ich bei einem Bekannten Unterlagen des berühmtesten Hautarztes von New York, Dr. Orentreich. Truman Capote hat einmal gesagt, wenn irgend jemand in New York gut aussieht, dann geht er sicher zu Orentreich. Dieser Arzt nun hatte folgendes Experiment gemacht: Einem alten Schäferhund wurde das eigene Blut vollkommen durch das eines jungen Hundes ersetzt. Und tatsächlich wurde der alte Hund plötzlich wieder leistungsfähiger. Dr. Orentreich bestätigte mit diesem Experiment eine alte These, nämlich daß der Mensch altert, weil er an seinen eigenen Schlacken, die ja auch im Blut sind, sozusagen erstickt. Wer sich seine Jugendfrische also wirklich erhalten oder zurückerobern will, kann das nur durch eine Nahrung, die gleichzeitig nährt *und* ihre Schlacken beseitigt. Solch eine Erhöhung der Vitalität ist natürlich nicht mit einem kurzfristigen Programm zu erreichen. Man muß mit Geduld vorgehen und sein Leben bewußt (um)gestalten. Wie sagt der Volksmund so treffend: Gut Ding will Weile haben.

Der gemeinsame Nenner aller meiner Ernährungsrichtlinien ist daher die Entfernung der durch die Nahrung entstehenden Stoffwechselrückstände. Denn diese Rückstände sind es, die unsere Fähigkeit, mit den ständigen äußerlichen Anfechtungen fertigzuwerden, lähmt. Um mit diesen wachsenden Anfechtungen der Umwelt (Smog, Schwermetalle, schlechte Nahrungsmittelqualität usw.) besser fertigzuwerden, sollte man sich zusätzlich auch mit konzentrierten Nährstoffen versorgen. Dies und eine Bewegungsroutine sind der Grundstock eines optimalen Körperharmonie-Programms. So baut man billig und zuverlässig den Boden, auf dem unsere Gesundheit Ballett tanzen kann. Sicher ist niemand vor Krankheiten gefeit, selbst wenn er sich hundertprozentig richtig ernährt und bewegt.

Der Schauspieler Walter Renneisen sagte mir kürzlich: »Sicher wird man trotz biologischer Kost auch manchmal krank. Aber es geht schneller vorbei, und man spürt es nicht so.« Das trifft den Nagel auf den Kopf. Man spürt die im Leben einprogrammierten Schwierigkeiten einfach weniger. Das beinhaltet sehr viel mehr, als man anfangs vielleicht denkt. Es ist eben der kleine Unterschied mit den großen Folgen. Ein bißchen Offenheit, Disziplin, Humor und Mut ist alles, was man braucht – und natürlich ein paar kleine Helfer. Meine möchte ich Ihnen jetzt auflisten.

Vielleicht haben Sie noch nie an eine Änderung Ihrer Eßgewohnheiten gedacht, weil »es ja doch nichts nützt«. Doch das Beibehalten schlechter Angewohnheiten »nützt« noch weniger. Im Gegenteil, es potenziert den körperlichen Verfall nur noch. Das Schlimmste, was ein Mensch überhaupt tun kann, ist, sich gegen seine Fähigkeit der freien Wahl zu stellen. Und gerade bei allem, was den eigenen Körper betrifft, ist man selbst der einzige wirklich Verantwortliche. Wir nehmen so viele Schadstoffe aus Luft und Wasser auf, daß die Auswahl desjenigen, was wir essen, nicht unbewußt geschehen sollte. Selbst wenn man im Büro oder wie ich in Theaterkantinen essen muß und die Auswahl wirklich schlecht ist, gibt es einfache Maßnahmen, mit denen wir eine ausreichende Nährstoffzufuhr für unseren Körper – und unseren Geist – sicherstellen können. Diese kleinen Helfer sind nicht teuer, leicht einzunehmen, und sie nähren nicht nur, sondern entgiften auch.

Bierhefe

Hefe enthält den B-Komplex Cholin, Orotsäure, Lecithin, Selen, Zink und Aminosäuren.

Als Bierhefe flüssig oder in Tablettenform zu erhalten.

Bierhefe enthält alle B-Vitamine. Damit ist sie Nerven- und Hautnahrung, sie verhindert Nervenschmerzen und Akne. Ihre Aminosäuren versorgen den Zellaufbau mit Eiweißstoffen. Außerdem enthält sie Selen, ein Antioxydationsmittel, das wichtig gegen Radikalschäden ist (siehe Kapitel »Das freie Radikal«). Bierhefe ist basisch, wirkt also entsäuernd. Ihr Cholin und Lecithin sorgt für den Fettstoffwechsel und verhindert Ablagerungen. Am besten ist Hefe mit Milch und einer Banane oder anderen frischen Früchten und Joghurt verquirlt in der Frühe zu trinken. Das ersetzt nicht nur ein Frühstück aus weißen Brötchen, Käse und Wurst, sondern ist dem, was die Nährstoffe angeht, haushoch überlegen. Kosten tut es nicht mehr, sondern weniger.

Nachtkerzenöl

Nachtkerzenöl ist in Kapselform erhältlich. Es ist ein konzentriertes Mittel gegen viele schädliche Umweltfaktoren, natürliche Abnutzungserscheinungen und Fehlernährung. Ein gut funktionierender Stoffwechsel ist die wichtigste Voraussetzung für die

Steuerung aller Organe und Lebensfunktionen. Dazu benötigt der Organismus die ausreichende Versorgung mit mehrfach ungesättigten Fettsäuren, die der Körper nicht selber produzieren kann. Zyslinol- und Gammalinolinsäure, die im Nachtkerzenöl enthalten sind, wirken sozusagen als Zündstoffe, die den gesamten Stoffwechsel aktivieren und steuern. Am Ende komplizierter Umwandlungsvorgänge steht eine hormonähnliche Substanz, das Prostaglandin E 1. Dieser körpereigene Wirkstoff wird von der heutigen Wissenschaft als elementarer Baustein des Lebens angesehen. Durch Ernährungsfehler, Bewegungsarmut bzw. Alkohol- und/oder Nikotingenuß kann es auch bei normaler Ernährung schon am Anfang dieser Umwandlungskette zu Beeinträchtigungen des Stoffwechsels kommen. Allein durch den natürlichen Alterungsprozeß liegt in der zweiten Lebenshälfte oft ein Mangel an Prostaglandin vor. Das kostbare Öl der Nachtkerze führt dem Stoffwechsel nun diese beiden lebensnotwendigen Fettsäuren auf direktem Weg zu und gleicht Mangelerscheinungen aus. Ein ähnlich hoher Gehalt an Gammalinolinsäure, wie er im Nachtkerzenöl enthalten ist, findet sich weder im Maiskeim-, Leinsamen-, Oliven- oder Erdnußöl, noch im Lebertran. Lediglich ein Liter Muttermilch entspricht der Inhaltsmenge an Gammalinolinsäure von drei Kapseln à 500 mg Nachtkerzenöl.

Ananas und Papaya
Obwohl beide Früchte kaum ungespritzt zu bekommen sind, wirken die in ihnen enthaltenen Enzyme so vorteilhaft, daß es sich lohnt, sie zu essen. Sie fördern die Verdauung von Eiweiß und Fetten. Gleichzeitig wird durch die Befreiung von Resten (Säuren, Schlacken) die Nährstoffzufuhr in die Körperzellern erhöht. Im Büro oder am Arbeitsplatz zwei Scheiben Ananas in Stücke geschnitten, ist die ideale Nahrung. Nährstoffe und Fa-

sern sind in der Ananas ideal kombiniert. Der Preis eines solchen Mittagessens beträgt ungefähr zwei Mark. Das reicht bei sitzender Arbeit auch für den Kalorienbedarf. Die Haut wird klar und schön. Ananas und Papaya als Reinigungskur ist für mich die allerbeste Schönheitskur. Man nimmt sogar nur an den richtigen Stellen ab. Im Reformhaus gibt es Joghurt- und Papayatabletten, die man nehmen kann, falls man keine frischen Früchte bekommt. Das wichtigste Enzym der Papaya ist das Papain, das in seiner umfassenden Verdauungskraft sogar dem menschlichen Pepsin des Magens überlegen ist. Papain ist sowohl im sauren wie im alkalischen Bereich wirksam, kann also im Magen ebenso wie im Darm aktiv werden. Es greift kleine Kotsteine und eiweißhaltige Ablagerungen in den Fältelungen des Verdauungskanals an. Es wirkt entgiftend, stoppt Fäulnisvorgänge, verhindert lästige Blähungen und trägt zur Entschlackung bei.

Joghurt und Sauermilchprodukte
Sofern nicht mit weißem Zucker versetzt, ist Joghurt bekannt für seine freundlichen Bakterien und wird zur Entgiftung verwendet. Als Mittagessen mit geschnetzelter Rohkost ein sehr hochwertiges Essen. Es ist leicht verdaulich, von hoher Verwertbarkeit und sorgt für die Wiederherstellung der Darmflora.

Kartoffeln
sind, richtig zubereitet – das heißt gedämpft mit etwas Butter, Sauerrahm und frischen Kräutern –, eine der wertvollsten Speisen überhaupt. Nährend mit hochwertigem Eiweiß, stark basenüberschüssig, sorgt die Kartoffel, abends gegessen, für eine Linderung der Essenssünden des Tages. Man soll sie jedoch nicht zusammen mit Eiweiß essen (siehe Trennkost).

Ascorbinsäure
ist eine billige Vitamin-C-Quelle. Bei Rauchern und Menschen, die Smog ausgesetzt sind, was für alle gilt, die in Großstädten wohnen, ist Vitamin C bekannt als gutes »Entgiftungsmittel«. Auch die Einnahme der Antibabypille erhöht den Vitamin-C-Bedarf.

Honig und Pollen
Außer für Hypoglykämiker und Diabetiker sind Honig, Pollen und Geleeroyal ein hochwertiger Nährstoffzusatz. Die ganze Bandbreite ihrer Wirkstoffe ist wie bei vielen anderen »natürlichen Helfern« noch nicht entschlüsselt, das heißt, wir können sie nicht selbst herstellen (synthetisieren). Die bekannten Bestandteile sind Vitamine der B-Gruppe, Kalium, Magnesium, Schwefel, Phosphor, Vitamin C und einiges mehr. Honig erhöht die Fähigkeit, das Kalzium zu binden und die Hämoglobinbildung zu aktivieren. Auch scheint er die Heilung verschiedener Leiden zu beschleunigen, darunter Arthritis, Leber- und Nierenschwäche. Die hohe Lebenserwartung der Imker in Rußland erweckte eines Tages die Neugierde der Wissenschaft. Man fand heraus, daß die Imker sich hauptsächlich von den »trüben« Resten des Honigs ernährten. Diese Reste, Bestandteil des ungefilterten Honigs, enthalten Pollen, und diese wiederum sind außergewöhnlich reich an Mineralstoffen.
Ebenso haben Blütenpollen eine vitalisierende Wirkung – viele Menschen schwören darauf –, auch wenn wissenschaftliche Tests sie noch nicht ergründen konnten. Probieren geht in diesem Fall auf jeden Fall über studieren.

L-Tryptophan
Das L-Tryptophan ist eine Aminosäure, die in Milch und Trut-

hahn vorkommt. Die beruhigende Wirkung, ohne dabei süchtig zu machen, bringt Tryptophan in die Kategorie der »vernünftigen Chemie«. In Streßsituationen hervorragend. Als L-Tryptophan im Handel.

Acetylcholine
Ein Wirkstoff, den man als Gehirnbenzin bezeichnen könnte. Ohne süchtig zu machen, ohne Defizite zu schaffen, bewirkt es eine Beschleunigung und Klärung der Denkvorgänge. Als Deanol ist es in Deutschland auf dem Markt.

Vigodana
Ein Präparat, das in vielerlei Hinsicht »verjüngt«. Es enthält Vitamin E, Magnesium, Orotsäure u.a. Mehrere aufeinander abgestimmte Wirkstoffe heben das Lebensgefühl auf gesunde Art. Das Präparat wurde in Doppelblindstudien getestet und zeigte *objektive* Verbesserungen. Man nimmt es ein paar Monate, setzt es ab und nimmt es wieder, wann immer Arbeitsstreß und andere Belastungssituationen es nötig machen. Vigodana ist keine Krücke, sondern beflügelt wie alle guten Nährstoffpräparate.
Ich persönlich nehme auf Empfehlung eines konservativen Arztes regelmäßig ein Mittel namens *Reduktyn*. Dieser Arzt sagte mir, bei dem Schadstoffgehalt unserer Luft müsse das Präparat eigentlich kostenlos an den Schulen der Großstädte verteilt werden. Seine Wirkung ist wirklich fantastisch. Es ist ein echtes Verjüngungsmittel, das heißt Entgiftungsmittel. Auch andere Frauen, die das Präparat auf meinen Rat hin ausprobiert haben, waren sehr zufrieden.

20

Mikroökologie, Darmflora, Symbioselenkung

Der Begriff »Ökologie« ist inzwischen vielen vertraut. Gemeint ist ein harmonisches Gleichgewicht, in dem alle Lebewesen zueinander stehen sollten. Das richtige Verhältnis der Lebenseinheiten zueinander verhindert Wucherungen und Auswüchse. Auch der Mensch war einmal Bestandteil einer harmonischen Umwelt, aber durch den Mißbrauch seiner Fähigkeiten hat er das ökologische Gleichgewicht zerstört. Doch die Natur wehrt sich gegen diese Zerstörung, und so bemühen sich heute viele Menschen um ihre Rettung – um sich selbst zu retten.

Der Mensch ist aber nicht nur Glied einer Lebenskette, nicht nur Gast auf dieser Welt, sondern ist gleichzeitig selber »Welt« und »Gastgeber« für viele »Gäste« in seinem Körper, ohne die er gar nicht leben könnte. Auch im Körper des Menschen gibt es ein mikroökologisches Gleichgewicht, das genau wie das der Welt gewahrt werden muß, um harmonische Abläufe zu gewähren. Ein Buch über Ernährung und Schönheit zu schreiben, ohne auf dieses Phänomen hinzuweisen, hieße »ein Haus auf Sand bauen«. Denn wer kommt schon auf die Idee, daß zum Beispiel rote Augen, schlechter Atem oder Pickel das Resultat einer Störung dieses ökologischen Gleichgewichts sein können?

Bakterien und Mikroben, von den meisten Menschen nur als

»Feind« angesehen, sorgen dafür, daß bestimmte Vitamine im Körper überhaupt erst gebildet und Nährstoffe aufgespalten werden. Vom ersten Bissen an werden die Speisen, die wir zu uns nehmen, von Mikroorganismen in Mund, Magen, Dünndarm und Dickdarm zersetzt. Der gastrointestinale Trakt ist, neben der Lunge, das zweitgrößte Kontaktorgan unserer Innenwelt zur Außenwelt. Die Schleimhäute nehmen sozusagen die Stoffe aus der Außenwelt auf, sortieren sie und leiten sie weiter in unsere Innenwelt. Diese Arbeit nun erledigen unsere »Gäste« für uns. Man muß sich dabei einmal vor Augen halten, daß der Mensch mehr Bakterien beherbergt, als er Zellen hat. Sollte es Sie bei dem Gedanken, daß es in Ihrem Körper von Lebewesen wimmelt, grausen, dann bedenken Sie, daß es auch auf der Erde von Menschen wimmelt, von denen ein Großteil inzwischen alles tut, um die ihn bergende Welt zu erhalten. So ähnlich ist es mit den Mikroorganismen auch: Sie tun ihr möglichstes, um uns zu erhalten.

Die Erkenntnis, daß der Mensch nur in Symbiose zu anderen Lebewesen existieren kann, machten sich viele berühmte Ärzte zu eigen. Hippokrates, Paracelsus, Hahnemann und andere, aber auch viele Philosophen sahen den Menschen ganzheitlich. De Bary prägte schließlich im Jahre 1879 den Begriff *Symbiose*: »das fortwährende und innige Zusammenleben ungleichnamiger Organismen«. Der Parasitismus – was nichts anderes heißt als »Hausgast sein« – wurde von ihm als »bekannteste und exquisiteste Erscheinung« der Symbiose bezeichnet.

Doch der Kampf der Menschen gegen die Infektionskrankheiten, die spektakulären Erfolge von Antibiotika und zum Beispiel der Chemotherapie ließen lange Zeit in Vergessenheit geraten, daß der Mensch und seine Bakterien eigentlich in einem symbiotischen Verhältnis stehen und daß das Abtöten von Mikroorganismen natürlich auch die für die Gesundheit des Menschen wichtigen trifft. Dabei weiß die Medizin längst, daß Mikroben nicht nur gefährlich, sondern auch nützlich sind, sehr nützlich sogar. Intensive Forschungen zur Symbiose ergaben, daß gerade die »verteufelten« Mikroben in unserem Abwehrsystem gegen Krankheitserreger eine wesentliche Rolle spielen. Ja man kann sogar sagen, daß der Darm die Wiege unseres Immunsystems ist. Das, was wir Gesundheit nennen, ist folglich erst dann möglich, wenn der Mensch auch zu seiner bakteriellen »Innenwelt« ein harmonisches Gleichgewicht schafft. Um in einer gefährdeten Umwelt überleben zu können, brauchen wir unsere Mikroorganismen, denn gerade das von De Bary beschriebene »exquisite« Phänomen des Parasitismus sorgt dafür, daß wir nicht gleich am ersten Infekt sterben.

Die Darmflora

Im Mai 1984 fand sich in der *Los Angeles Times,* eingebettet zwischen Bildern von Tanz- und Filmstars, ein ungewöhnliches Thema. Mehrere Anzeigen verkündeten die Antwort auf viele Probleme und priesen den Boten der ewigen Jugend. Wer oder was war es? Der Darm! Die meisten denken bei diesem Stichwort wahrscheinlich erst einmal an ein bestimmtes stilles Örtchen und vergessen dabei ganz, daß der Darm zwar auch mit dem Stuhlgang, vor allem aber mit der Verdauung zu tun hat. Die häufige Verwendung von Abführmitteln zeigt überdeutlich, wie sehr die Darmfunktionen mißverstanden werden. Die Hauptaufgabe des Darmes ist ein faszinierender Prozeß der Umwandlung unserer Nahrung, dessen richtiger Ablauf den Boden für Gesundheit und

Aussehen schafft. Von ihm hängt nicht nur der Geruch des Menschen ab, sondern zum großen Teil auch die äußere Erscheinung, also die Schönheit.

Selbst eine richtige Ernährung und ausreichende Bewegung können ohne eine intakte Darmflora keine Vitalität entstehen lassen. Entzündungen des Darmes sind oft Folgen von Streß und Reaktionen auf schwer zu bewältigende Situationen. Sind Streß und Schwierigkeiten schließlich überwunden, bleibt die Darmentzündung oft als Erbe und untergräbt die Gesundheit. Ein Beispiel für die Folgen einer Darmfunktionsstörung ist der gestörte Zinkstoffwechsel, und eine ausreichende Versorgung mit Zink ist gerade für Haut und Gewebe von besonderer Bedeutung. Je nach Ausmaß und Dauer der Entzündung entsteht eine Kette von biochemischen Störungen, denn es gibt circa siebzig Enzyme, die zinkabhängig sind. Ein Mangel kann deshalb schon in einem frühen Stadium zu einer Störung der enzymatischen Prozesse führen. Enzyme sind biokatalytische, hochmolekulare, einfache oder zusammengesetzte Proteine, die von allen lebenden Organismen in den Zellen oder in den Körperflüssigkeiten bzw. im *Verdauungskanal* gebildet werden. Für uns reicht es aber aus zu wissen, daß Enzyme für den Körper, praktisch gesehen, das sind, was Rummenigge für den Fußball ist oder für die Billardkugel der Stock: ein Bewegungsverursacher. Und Bewegung im Körper ist Stoffwechsel.

Ist die Verdauung aber gestört, so wird die Nahrung im Darm nicht richtig verarbeitet, und in der Folge werden auch keine Nährstoffe mehr dorthin weitergeleitet, wo sie notwendig gebraucht werden.

Zu den Symptomen des durch eine Darmentzündung hervorgerufenen Zinkmangels zählen Haarausfall, verzögerte Wundheilung, verminderter Geruchssinn und – beim Mann – Erektionsstörungen. Auch andere Faktoren können den Darm und die Darmflora negativ beeinflussen, zum Beispiel die häufige Einnahme von Medikamenten wie Antirheumatika, Diuretika (Entwässerungstabletten), Abführmittel, Cortison und Antibiotika. Ein weiterer großer Feind harmonischer Körperabläufe ist die Angst. Fast jeder kennt die lähmende Wirkung ungewohnter Umgebung auf den Stuhlgang. Durch ein so gestörtes mikroökologisches Gleichgewicht können die unterschiedlichsten Beschwerden entstehen. Dazu gehören: Heuschnupfen, Augenerkrankungen, Akne, Anämie, latente Hypovitaminosen, Ekzeme, Blähungen, Mundgeruch, Blutdruckschwankungen, Fermentschwäche und Verschlackungen.

Dabei ist es gar nicht so schwer, bei sich selbst für einen funktionierenden Darm und eine intakte Darmflora zu sorgen. Schließlich gibt es eine ganze Menge von Reinigungskuren für den Darm. Die bekanntesten sind wohl die Milch-und-Semmel-Kur, die Schrotkur und ganz einfache Fastenkuren.

Ich selbst bemühe mich, ohne Kuren auszukommen, weil ich glaube, daß sie, wie auch jede Diät, zu sehr als vom normalen Leben isolierte Zeitabschnitte und Vorgänge angenommen werden. Sie haben einen Anfang und ein Ende und sind kein selbstverständlicher Bestandteil des Alltags. Die Pflege des Darmes ist aber wie die Zahnpflege etwas, das man nicht nur einige Wochen lang machen sollte und dann nie wieder. Für mich ist sie ein Teil des täglichen Pflegeprogramms. Sie besteht hauptsächlich aus dem Weglassen schädlicher Stoffe und der Regeneration der Darmflora, wenn eine Schädigung vorliegt. Eine geschädigte Darmflora läßt sich mit einer *Symbioselenkung* wiederherstellen. Der Heilpraktiker Peter Deman hat mir diese Behandlung einmal folgendermaßen erklärt:

»Unter Symbiose versteht man das Zusammenleben von Lebewesen zu gegenseitigem Nutzen. Ist dieses Zusammenleben gestört, so spricht man von einer Dysbiose. Unter Symbioselenkung im medizinischen Sinn versteht man also die Behandlung einer gestörten natürlichen Lebensgemeinschaft zwischen dem Menschen und den für seine Gesundheit notwendigen Bakterien. Bei vielen ist heutzutage durch fehlerhafte Ernährung, fehlerhafte Lebensweise, Umweltbelastung durch Gifte und Mißbrauch von Medikamenten das harmonische Gleichgewicht zwischen ihnen und ihren notwendigen Bakterien gestört. Dadurch gewinnen krankheitserregende Bakterien die Überhand. Um die gesunde Bakterienflora des Menschen wiederaufzubauen, werden ›gesunde‹ Bakterien gezüchtet, in Flaschen abgefüllt und als Tropfen eingenommen. Dieser einfache, für die Gesundheit jedoch entscheidende Vorgang wird als bakterielle Symbioselenkung bezeichnet.

Da sich die gesunde Bakterienflora des gesamten Schleimhauttraktes von der Nase bis zum After nur in einem bestimmten Milieu wohl fühlt, muß die Symbioselenkung durch bestimmte Maßnahmen unterstützt werden.

Dazu gehört in erster Linie eine natürliche Vollwertkost, das heißt eine › Vitalstoff‹-reiche Ernährung. Rohkost ist ein wesentlicher Bestandteil natürlicher Vollwertkost. Jede Mahlzeit sollte einen ausreichenden Anteil an Rohkost enthalten. Blatt- und Wurzelsalate, Gemüsesalate, Obst, Nüsse und Getreideschrot. Daneben empfehlen sich Milchprodukte wie Dickmilch, Bioghurt, Biodyn Trinkjoghurt, Biogarde, Sanoghurt, Quark und milde Käsesorten. *Fruchtjoghurt ist zu vermeiden.*

Weiterhin sind hauptsächlich Vollkornprodukte zu verwenden. Raffinierte Kohlehydrate sind aus der Nahrung möglichst zu verbannen. Dazu zählen alle Feinmehle und Zuckerprodukte. Fett sollte in Form von ungehärteten Pflanzenölen und Margarine und etwas Butter verwandt werden. Tierische Fette sind zu vermeiden.

Der übermäßige Konsum tierischen Eiweißes sollte eingeschränkt werden, vor allem Schweinefleisch.

Unreifes Obst und Zitrusfrüchte sollten wegen der darin enthaltenen Säuren vermieden werden.

Eine tägliche Trinkmenge von 1 bis 2 Liter mineralarmem Quell- und Brunnenwasser und verschiedensten Teesorten sollte unbedingt eingehalten werden.

Eine regelmäßige Mundpflege für die Gesunderhaltung der Zähne, die wiederum ein gründliches Kauen und Einspeicheln der Speisen ermöglichen, sollte unbedingt durchgeführt werden.

Vermieden werden sollten dabei Zahnpasten und Zahncremes, die desinfizierende Chemikalien enthalten, da sie die normale Bakterienflora schädigen.

Abschließend sei bemerkt, daß eine ausgeglichene Lebensführung sowie aktive körperliche Bewegung das oben Aufgeführte positiv ergänzen und dem Körper helfen, seine Symbiose wiederherzustellen und zu erhalten.«

Oft sind gerade Symptome, die Ihnen normal und nicht erwähnenswert erscheinen, erste Anzeichen für eine gestörte Darmfunktion. Ich merkte an folgenden Zeichen, daß mein Darm daran schuld war, daß ich mich trotz ausreichenden Schlafs, Vitamintabletten und Bewegung an frischer Luft elend fühlte und auch so aussah: stechende Schmerzen rechts zwischen Bauchnabel und Hüfte einige Zeit nach dem Essen, Müdigkeit, die nach dem Essen stärker wurde, schlechter Geschmack im Mund, Hunger bei gleichzeitiger Appetitlosigkeit, ständig blaue Ringe unter den Augen. Ich hatte schlechte Laune, war leicht irritierbar oder einfach traurig, und ohne daß mein Gewicht sich erhöht hatte, war mein Fett plötzlich merkwürdig verteilt. Kleider, die sonst tadellos paßten, spannten an gewissen Stellen, an anderen waren sie auf einmal zu weit. Eine Freundin empfahl mir damals eine Diät, die nach dem Prinzip der Hayschen Trennkost aufgebaut war. Gleich am ersten Tag – dem Ananastag – waren meine Darmschmerzen verschwunden und nach der ersten Woche auch alle übrigen Symptome. Kurz darauf stellte ich unter Anleitung einer ganzheitlich orientierten deutschen Ärztin meine gesamten Eßgewohnheiten um – und fühle mich seitdem wie neu geboren. Nur selten eine Erkältung im Winter, keine Müdigkeit und viele andere Dinge, die das Leben lebenswert machen, waren für mich die Folgen meiner »reparierten« Darmflora.

Essen und Übergewicht

Viele Menschen haben mit einem manchmal schon krankhaften Eßverhalten zu kämpfen; laut Statistik sind es überwiegend Frauen. Ich selbst habe während der Pubertät so stark mit dem sogenannten Jo-Jo-Gewicht zu kämpfen gehabt, daß man mich in den Filmen, die ich in der Zeit drehte, oft in eine Tür schlank hineingehen und auf der anderen Seite mopplig wieder herauskommen sieht. Krankhafte Eßlust meint nicht nur mehr essen, als man soll, sondern »fressen«, bis einem schlecht wird, dann künstlich erbrechen, weiteressen usw. Unter diesem anormalen Eßverhalten leiden drei Fünftel der weiblichen Bevölkerung zwischen Fünfzehn und Fünfundvierzig zumindest gelegentlich. Die feministischen Psychotherapeutinnen Luise Eichenbaum und Susi Urbach finden hierfür in ihrem Buch »Feministische Psychotherapie auf der Suche nach einem neuen Selbstverständnis der Frau« eine interessante Erklärung: Es sei ein »weiblicher Reaktionsmechanismus auf eine patriarchalische Gesellschaft«. Auch die Psychologie bemüht sich, die krankhafte Eßlust zu erklären. Sie sieht es als eine Ersatzhandlung für Sex. Aber warum eigentlich nicht umgekehrt? Sex als Ersatz für Schokolade? Aus der Biologie und Genforschung kommt eine für mich viel einleuchtendere Erklärung für pathologisches Eßverhalten, nämlich daß

Essen ein Trieb ist wie Sexualität und Aggression, der das *Überleben sichert.* Die Fähigkeit, Fett zu speichern für Dürrezeiten, ist eine Lebensvoraussetzung. Wenn Sie schnell mopplig werden, gibt es Ihnen vielleicht eine gewisse Genugtuung, daß das von Ihnen beneidete Fotomodell keine längere Dürrezeit überlebt hätte!

Glücklicherweise ist es in den letzten Jahren zu einer neuen Definition des sogenannten Idealgewichtes gekommen. Gewichtsmessungen mit komplizierten, besonderen Apparaturen haben ergeben, daß 50 kg eben nicht gleich 50 kg sind. Für eine angemessene Beurteilung spielt nicht nur die Stärke des Knochenbaus eine Rolle, sondern auch die Verteilung des Gewichtes. Diese Erkenntnisse haben zum Beispiel auch die großen Versicherungsgesellschaften neue Gewichts- und Gesundheitsmaßstäbe aufstellen lassen.

1. Dicke Bäuche sind der Gesundheit abträglicher als dicke Popos. (Ist nicht von mir, könnte es aber sein, weil meiner auch dick ist.)

2. Untergewichtig zu sein ist genauso gefährlich wie zu dick zu sein. Wer hingegen eine Figur hat, wie sie auf indischen Heiligenbildern zu sehen ist, hat eine hohe Lebenserwartung. Auch bei den Fotomodellen hat sich das Schönheits- und Gewichtsideal sichtbar geändert, und es spricht für eine Stimmigkeit von Schönheit und Gesundheit, daß heute Mädchen und Frauen wie Muriel Hemingway als schön gelten.

3. Früher sagte man, nach Dreißig oder Vierzig müsse sich eine Frau entscheiden, ob sie als Ziege oder als Kuh durchs Leben gehen oder ob sie über oder unter dem Tisch gut aussehen

möchte. Gymnastik und bewußte Ernährung haben auch diese Frage aus der Welt geschafft. Laut Gesundheitsstatistik ist eine leichte Zunahme des Gewichts nach dem fünfundzwanzigsten Lebensjahr sogar von Vorteil; wenn man zum Beispiel mit Zwanzig 55 Kilo gewogen hat, kann man mit Fünfzig ruhig 60 Kilo wiegen. *Wenn* diese Gewichtszunahme ebenmäßig verteilt ist, und das erreicht man mit ausreichender Bewegung und gesundem Stoffwechsel.

Wonach soll man sich nun bei der Beurteilung des eigenen Gewichts richten? Danach, wie das Fett verteilt ist! Viele Frauen wissen, daß Hüft- und Oberschenkelfett am schwersten zu verlieren ist. Es ist, von der Natur aus gesehen, das Fett für »besondere Gelegenheiten« und wird für Schwangerschaften und Stillzeit aufgehoben. Man nimmt an, daß dies der Grund dafür ist, daß diese Fettdepots »frauenspezifisch« sind.

Der dicke Bauch hingegen läßt mit jedem Zentimeter, den er wächst, auch die Todesgefahr wachsen. Weiterhin wurde festgestellt, daß Frauen mit dicken Bäuchen die höchste Gefährdung durch Diabetes droht.

Realer Hunger und Lebensgier

Über Diäten gibt es fast noch mehr Bücher als über die Liebe. Ich selbst habe während meiner Pubertät ständig Diäten ausprobiert, bis mein Gewichtsproblem mit Achtzehn scheinbar wie von selbst verschwunden war. Das war während meiner ersten »kalifornischen Wohnphase« mit Ehemann und Kindern. Es blieb so lange vergessen, bis ich zehn Jahre später, scheinbar über Nacht, plötzlich wieder mopplig war. Diskrete Menschen sagten mir, ich sei zu fraulich geworden. Aber es gab auch weniger diskrete. Ingrid Caven zum Beispiel nannte mich, während ich in Bochum die Salome gespielt habe, »Frau Metzgermeister«. Mein Gewichtsproblem war mir übrigens gemessen an den anderen Problemen, die ich damals hatte, nicht so vorrangig, außerdem gefiel mir meine Renoir-Figur ganz gut. Aber da ich nun einmal mit einer unsäglichen Neugier ausgestattet bin, wollte ich schließlich doch herausfinden, was der Grund für meine Freßsucht sein könnte und wie ich das Problem ein für allemal beseitigen könnte.

Die Lösung, die ich damals für mich gefunden habe, ist mir während der Arbeit an diesem Buch von Experten immer wieder bestätigt worden. Es gibt zwei wichtige Grundsätze zur Erhaltung des normalen Gewichts: das ist *erstens die Sättigung des*

Realhungers, das heißt des Hungers nach Nährstoffen, und *zweitens die Sättigung der Lebensgier oder des Lebenshungers*. Werden diese beiden Voraussetzungen erfüllt, so entsteht eine Harmonie.

Dabei geht es um mehr als nur um das Gewicht oder die Veränderung des Körpers auf ein gängiges Schönheitsideal hin. Es wäre übrigens idiotisch – und weiß Gott kann ich ein Lied davon singen –, auf Biegen oder Brechen aus einem athletischen Körper zum Beispiel einen leptosomen machen zu wollen, nur weil die Mode es verlangt. Erstens geht das überhaupt nicht, und zweitens hieße das, die individuelle Schönheit zu diffamieren. Ich habe das Pech gehabt, während der für mich scheußlichsten Mode aller Zeiten, nämlich in den sechziger Jahren, meine Jugend verbringen zu müssen. Meine Güte, diese Twiggy und der Wasserleichen-Look! Ich, mit nicht besonders langen Beinen, im Minirock; und das bei meinen Hüften! Später, in den siebziger Jahren, entdeckte ich in San Francisco einen Laden mit Kleidern aus den Vierzigern, und simsalabim, plötzlich sah meine Figur wunderbar aus. Alles, was ich jahrelang zu verbergen und wegzuhungern versucht hatte, Busen, Taille, Hüften und Po, schien für die Kleider gemacht und umgekehrt. Na ja, lieber spät als nie! Auf jeden Fall weiß ich seither, welchen Körpertyp ich habe, und mit diesem Typ werde ich in Harmonie leben egal, welche Mode kommt.

Die Harmonie entsteht auf zwei Ebenen, der geistigen und der körperlichen, weil es eben einen Realhunger und einen Lebenshunger gibt. Und weil sie den zweiten vollkommen außer acht lassen, bin ich gegen Diäten, bei denen nur gewogen, gezählt und gemessen wird. Denn das Essen soll nicht zur Hauptbeschäftigung werden – vor allem dann nicht, wenn man abnehmen will. Es ist ein Bestandteil des Lebens und nicht sein ausschließlicher Inhalt.

Während der Recherchen zu diesem Buch bin ich auf einen Satz gestoßen, der mir meine Erfahrungen aus einem ganz anderen Blickwinkel heraus erneut bestätigte: Je höher die Qualität der Speisen, um so geringer die verkehrte Quantität. Sicher kennen auch Sie das Gefühl, zum Beispiel einen so guten Wein zu trinken, daß man ihn nicht einfach runterschlucken möchte, sondern möglichst lange genießen; oder einen so guten Bissen zu kauen, daß er eigentlich für den ganzen Abend reichen würde. Schmeckt das Essen hingegen schlecht, so wird es wütend und schnell heruntergeschluckt, und nachdem der Teller leer ist, sucht man insgeheim schon gierig nach der nächsten, hoffentlich besseren Speise. Ißt man jedoch das, worauf man wirklich Lust hat, ist man viel schneller gesättigt. Auf Korsika reichen mir schon ein Glas Rotwein und ein winziges Stück Käse, eine halbe Tomate und frischer Knoblauch, denn erstens ist natürlich die Lust, die durch den Körper strömt, eine ganz andere, wenn Wein, Käse und Tomaten auch noch nach dem riechen und schmecken, was sie sind, und zweitens zeigt der natürliche Duft auch an, daß die am Ort gezogenen Nahrungsmittel mehr Nährstoffe enthalten.

Ähnliches gilt für die Rohstoffe der Nouvelle Cuisine, die aus gutem Grund die Cuisine du Marché, des Marktes, genannt wird. Paul Bocuse, den ich anläßlich eines Festessens kennenlernte, beschrieb mir mit einer von vornehmer Wollust geprägten Mimik die Bedingungen, unter denen die Stubenküken, Kräuter, Gemüse et cetera erst einmal heranwachsen, bis sie der kulinarischen Kunst geopfert werden – sie waren ungefähr so, wie ich sie längst von einer Bäuerin im Burgenland kannte, »natürlich« eben. Doch solche natürlichen Bedingungen sind heutzutage ein Luxus. Wir leben – nicht erst seit kurzem – in einer Umwelt, die es uns immer schwerer macht, unseren realen Bedarf an Nährstoffen zu decken. Und dabei werden wir nicht nur älter als die

Menschen vor meinetwegen hundert Jahren, nein, wir wollen auch noch länger jung und vital bleiben.

Und was kann man tun, um seinen Lebenshunger zu stillen? Also ich habe angefangen, mir meine Freizeit bewußter zu gestalten. Freizeit ist vor allem zu Hause die Zeit, in der man gerne und zuviel knabbert. Wenn ich arbeite, und das tue ich gern, denke ich nie ans Essen. Deshalb versuche ich, auch meine Freizeit mit positiven Impulsen zu füllen. Das kann von Strümpfestopfen, statt sie wegzuwerfen – lachen Sie nur, aber ich bin besonders stolz darauf –, bis zum Überziehen oder Entwerfen von Möbeln, Kissen und Kleidern reichen. Ich bin eben auch in der Großstadt ein richtiger Einsiedler. Die Abende sind lang, das Fernsehprogramm ist schlecht, und das sind die idealen Voraussetzungen zum Überessen. Am besten schafft man sich also ein Ziel, um die Zeit, die man überflüssigerweise mit Höhlenmenschennahrungssuche verbringt – nach den Essensvorräten im Kühlschrank –, klüger und gesünder zu nutzen. Gibt es etwas, das Sie gern lernen wollen, dann geben Sie sich einen Ruck und fangen Sie es an. Wissen Sie eigentlich, was es in den Museen in Ihrer Nähe alles zu sehen gibt? Gibt es eine historische Persönlichkeit, die Sie interessiert? Dann machen Sie das Studium zu Ihrem Hobby. Oder tun Sie etwas für den Umweltschutz. Gerade wer Kinder hat, sollte sich unbedingt und kreativ für eine bessere Umwelt einsetzen, denn Ihre Kinder werden darin aufwachsen.

Gibt es eine Situation, vor der Sie Angst haben und die Sie zum Mehressen verführt? Dann stürzen Sie sich hinein, nur das kann helfen. Stillen Sie Ihren Realhunger mit Nährstoffen und Ihre Lebensgier mit Taten statt Torten.

Die Vorzüge biologisch angebauter Nahrungsmittel

Ein kleines Beispiel

Einer der Gründe, warum man manchmal mehr ißt, als man eigentlich braucht, liegt darin, daß man die Nährstoffe, die der Körper benötigt, nicht mehr ausreichend in der Nahrung findet. Obwohl Sie also gegessen haben, daß Sie glauben »zu platzen«, zeigt Ihnen Ihr Realhunger, daß Ihr Körper noch immer auf Jagd nach Nährstoffen ist.

Schon viel zu lange lassen wir uns bei der Auswahl unserer Nahrungsmittel nicht mehr von deren Qualität leiten, sondern von dem Reiz, möglichst ganzjährig die Früchte aus »Nachbars Garten« zu bekommen, auch wenn die nur mit massivem Einsatz von Chemie und in Treibhäusern wachsen. Dafür hat man in Kauf genommen, daß alles immer geschmackloser wurde. Wenn ich gelegentlich ein paar Monate auf dem Land lebe und dort von Einheimischen mit dem Hinweis »ungespritzt« das eine oder andere Stück Obst geschenkt bekomme, frage ich mich oft, warum eigentlich gespritzt wird. Sicher, ein gewisser Prozentsatz von Obst und Gemüse würde praktisch den Würmern geopfert. Aber wenn man im Fernsehen die Bilder von vernichteten Agrarüberschüssen sieht, wird das Argument völlig absurd. Zuerst wird gespritzt, die Qualität wird – außer der optischen – schlechter, dann wird der Überschuß vernichtet, weil durch die Überproduktion der Marktpreis zu niedrig geworden ist.

Gespritztes Obst und Gemüse hat, abgesehen davon, daß es nach fast nichts mehr schmeckt, durch die Behandlung mit Giftstoffen auch eine negative Wirkung auf unseren Gesundheitskreislauf. Wie schon gesagt, ist der Mensch Teil eines Kreislaufes, er nimmt auf und gibt ab. Er beherbergt unendlich viele Lebewesen, die von ihm leben und ohne die er selbst nicht leben könnte. Aber ein giftgespritzter Apfel zum Beispiel tötet natürlich auch einen Teil dieser Lebewesen, die wir zum Ablauf unseres Verdauungsprozesses brauchen. Der Stoffwechselvorgang wird gestört, die Bakterien können ihren Dienst nicht mehr tun. Das Geld, das man für einen so behandelten Apfel zahlt, ist also denkbar schlecht ausgegeben. So gesehen ist Biokost auch nicht zu teuer bezahlt, wenn sie manchmal etwas mehr kostet. Denn natürlich sättigt eine dunkelrote Karotte oder ein dunkelgelber Pfirsich auch besser. Erstens, weil sie schmecken, ein Zeichen, daß sie mehr Nährstoffe enthalten, und zweitens, weil sie nicht mit Giften behandelt worden sind, also vom Körper vollständig aufgenommen werden können. Bei Eiern von freilaufenden Hühnern ist der geschmackliche Unterschied sogar *sichtbar*. Das Dotter ist dunkelgelb und die Schale meist dick und braun.

Wie sehr sich die Lebensmittelqualität durch Intensivlandbau vermindert, läßt sich gut am Beispiel des Vitamin-C-Gehalts in Äpfeln zeigen.

Sorte	Gehalt Vitamin C (mg pro 100 g Frischsubstanz)	Anbaumethode
von Berlepsch	24	Heute fast nur noch im
Ontario	21	Bioanbau, Sorten lange
Boskop	16	lagerfähig, weniger An-
		bauprobleme.
Jonathan	9	Intensivlandbau, Sorten
Golden Delicius	8	kürzer lagerfähig, viele
Geheimrat Oldenburg	3	Anbauprobleme, daher
		erhöhter Bedarf an Pflan-
		zenschutzmitteln.

Um seinen Tagesbedarf an Vitamin C zu decken, braucht man nun entweder einen Ontario oder einen Berlepsch, oder aber sechs Golden Delicius. Zur Deckung Ihres realen Hungers nach Vitamin C müssen Sie bei dem Intensivlandbau-Apfel also die sechsfache Kalorienzufuhr in Kauf nehmen – auch wenn Sie sich schon nach drei Äpfeln »zum Platzen« satt fühlen.

Zum Thema »Ich habe keine Zeit, mich um mein Essen zu kümmern«

Bevor ich Ihnen meine persönlichen Ernährungsrichtlinien vorstelle, die man ausprobieren und weiterentwickeln kann, wenn man zu Hause lebt und Zeit dafür hat, hier ein paar Ratschläge für all jene, die ständig unterwegs sind und keine Zeit haben, sich ausreichend zu versorgen.

Viele Menschen, die ständig der lieblosen Kost x-beliebiger Restaurants ausgesetzt sind, klappen plötzlich zusammen, und weder sie noch (leider) der Arzt kämen auf den Gedanken, daß die »normale« Küche dafür verantwortlich ist.

Beispiel für den Vitaminverlust durch Transport und Zubereitung in Groß- und Kleinküchen:

Die Verluste werden angegeben in % des Gehaltes im Frischspinat. Ich nehme Spinat hier als Beispiel für Blattgemüse. Die in der Tabelle angegebenen Werte können in etwa auf andere Blattgemüsearten übertragen werden.

A. Ausgangsware: Frischspinat

	Verluste			
	ges. Vitamin C	Vitamin B 1	Vitamin B 2	Trockenmasse in g %
Frischspinat				
sofort nach der Ernte	0	0	0	8,5
nach 10 Std. (Transp.)	64	22	19	9,7
Großküche				
nach dem Waschen	71		33	6,9
nach 15 Std. Aufbewahren				
(+ 5° C)	81	33	36	7,0
nach dem Blanchieren	91	67	53	7,1
im Blanchierwasser	96	44	47	1,0
nach dem Zerkleinern	96	78	61	7,0
nach der tischfertigen				
Zubereitung	97	67	72	6,9
Kleinküche nach				
15 Std. Lagerung (+ 5° C)	76	22	25	8,2
nach dem Waschen	78		36	7,6
nach dem Blanchieren	90	56	47	6,9
im Blanchierwasser	95	44	64	1,2
nach dem Zerkleinern	91	67	58	6,7
nach der tischfertigen				
Zubereitung	92	67	61	6,7

B. Ausgangsware: industriell tiefgefrorener Spinat

	Verluste			
	ges. Vitamin C	Vitamin B 1	Vitamin B 2	Trockenmasse in g %
Frischspinatprobe, sofort nach der Ernte	0	0	0	8,5
nach der Tiefgefrierung und 5 Wo. Lagerung bei − 40° C	73	56	36	8,1
Großküche (nach dem Antauen, ca. 15 Std.	78	67	56	9,6
nach tischfertiger Zubereitung	86	78	61	6,5
Kleinküche nach tischfertiger Zubereitung	81	67	53	6,6

Es ist, wie man sieht, fast unmöglich, seinen Vitaminbedarf durch gekochte Nahrung zu decken. Auf Reisen empfehle ich – besprechen Sie es mit einem gut ernährungsbewußten Arzt! – die Einnahme von folgenden Vitaminen:*

---

*Angegeben ist jeweils die tägliche Mindestmenge. Wichtig ist, *Eisen getrennt von anderen Nährstoffen* und nicht mit Kaffee einzunehmen. Am besten abends mit frischem Orangen- oder Johannisbeersaft. Lassen Sie sich im Reformhaus oder in der Apotheke beraten.

Vitamin A (Retinol, fettlöslich)

Erwachsene: 0,9 mg (entsprechen 1,8 mg Provitamin A)
Schwangere ab 6. Monat: 1,2 mg
Stillende: 2,0 mg

Licht- und sauerstoffempfindlich, hitzestabil.

Vitamin B 1 (Thiamin, wasserlöslich)

Erwachsene: 1,4 bis 1,6 mg
Schwangere ab 6. Monat: 1,6 mg
Stillende: 1,8 mg

Hitze- und sauerstoffempfindlich; Verluste bei Lebensmittella-
gerung.

Vitamin B 2 (Riboflavin, wasserlöslich)

Erwachsene: 1,8 bis 2,0 mg
Schwangere ab 6. Monat: 2,3 mg
Stillende: 2,5 mg

Licht-, hitze- und sauerstoffempfindlich; Verluste bei Lebensmit-
tellagerung.

Vitamin B 6 (Pyridoxin, wasserlöslich)
Abhängig von der Eiweißzufuhr.

Erwachsene: 1,6 – 2,0 mg (bei Kraftsportlern mit extrem hohem
Eiweißumsatz: bis zu 2,8 mg)
Schwangere: 2,6 – 3,6 mg
Stillende: 2,0 – 2,5 mg

Lichtempfindlich, hitzestabil (vor allem in pflanzlichen Lebensmitteln), gute Lagerfähigkeit.

Vitamin B 12 (Cobalamin, wasserlöslich)

Erwachsene: 3 – 6 µg (1mg = 1000 µg)
Schwangere: 4 – 7,5 µg
Stillende: 4 – 7,5 µg

Licht- und sauerstoffempfindlich, säureempfindlich, hitzeempfindlich.

Biotin (wasserlöslich)

Bildung der gesamten Biotinmenge durch die Darmflora beim gesunden Menschen.

Hitzestabil.

Vitamin C (Ascorbinsäure, wasserlöslich)

Erwachsene: 40 – 75 mg
Schwangere ab 6. Monat: 100 mg
Stillende: 110 mg

Hitze-, licht- und sauerstoffempfindlich; Vitamin-C-Verluste bei Lagerung von Lebensmitteln.

Vitamin D (Calciferol, fettlöslich)

Erwachsene: 2,5 µg (1 mg = 1000 µg)
Säuglinge und Kleinkinder bis zu 3 Jahren: 10 µg
Schwangere ab 6. Monat und Stillende: 10 µg

Licht- und sauerstoffempfindlich
Vitamin E (Tocopherol, fettlöslich)

Erwachsene: 12 mg

Unverträglich mit Eisen.
Schwangere: 12 mg
Stillende: 20 mg

Licht- und sauerstoffempfindlich, hitzestabil. Die Vitamin-E-Verluste bei der Nahrungszubereitung betragen 20 bis 30 %.

Folsäure (wasserlöslich)

Erwachsene: etwa 0,4 mg
Schwangere: etwa 0,8 mg
Stillende: etwa 0,5 – 1 mg

Sehr lichtempfindlich; sehr hohe Wasserlöslichkeit (je nach Zubereitungsbedingungen bis zu über 90 % Verluste).

Niacin (Nicotinsäure, Nicotinamid, wasserlöslich)

Erwachsene: 9 – 20 mg
Schwangere: 12 – 16 mg
Stillende: 16 – 19 mg

Hitzestabil; kann im menschlichen Organismus aus Tryptophan (essentielle Aminosäure) hergestellt werden: 60 mg Tryptophan = 1 mg Niacin.

Pantothensäure (wasserlöslich)

Erwachsene: etwa 6 – 8 mg
Schwangere: etwa 10 mg
Stillende: etwa 10 mg

Unempfindlichkeit gegen Licht und Sauerstoff.

Calcium (Ca)

Kinder und Jugendliche: 800 – 1000 mg (0,8 – 1 g)
Erwachsene: 700 – 800 mg (0,7 – 0,8 g)
Schwangere und Stillende: 1200 mg (1,2 g)

Calciumausscheidung erfolgt über die Nieren, durch den Darm und mit dem Schweiß.

Chlorid (Chlor) (CI)

Erwachsene, Schwangere und Stillende: 3 – 5 g
Erhöhter Bedarf bei anhaltendem Erbrechen.

Eisen (Fe)

Erwachsene: 12 mg (Männer) – 18 mg (Frauen)
Schwangere: 25 mg
Stillende: 20 mg

Fluor (F)

Erwachsene, Schwangere und Jugendliche: 1 mg.

Dies ist die empfehlenswerte Zufuhr zur Verhinderung von Zahnkaries.

Jod (J)

Erwachsene: 150 μg (1 μ = 1/1000 mg)
Schwangere und Stillende: 200 μg

Kalium (K)

Erwachsene, Schwangere und Stillende: 2 – 3 g

Erhöhter Bedarf bei starkem Schwitzen, anhaltenden Durchfällen, starkem Erbrechen und häufigem Wasserlassen.

Magnesium (Mg)

Erwachsene: 300 – 350 mg

Je höher die Eiweißzufuhr ist, desto mehr Magnesium wird vom Körper benötigt.

Natrium (Na)

Erwachsene, Schwangere und Stillende: 2 – 3 g

Erhöhter Bedarf bei starkem Schwitzen, anhaltenden Durchfällen, häufigem Wasserlassen und starkem Erbrechen.

Phosphor (P)

Der Phosphorbedarf steht in Beziehung zum Calciumbedarf. Das Calcium-Phosphor-Verhältnis von 1:1,0 bzw. 1:1,2 wird als optimal angesehen.

Erwachsene: 700 – 800 mg
Schwangere und Stillende: 1200 mg

Empfehlung

Für Menschen, die keine Zeit oder Lust haben, sich zum Beispiel während des Abnehmens mit Essen zu beschäftigen, gibt es *Skinny Menue*. Selbst im Sinne der Trennkost gibt es hier fantastische Gerichte, die einem jeden überflüssigen Gedanken ans

Essen nehmen. Man ißt mit Genuß. Ab April gibt es vegetarische Menüs. Die Qualität der Produkte ist hochwertig.

Am allerschwierigsten ist die bekömmliche Ernährung für denjenigen, der beruflich viel reisen muß. Er ist verurteilt zu ständigen »Henkersmahlzeiten«, weil die unausgewogene und nicht selten falsche Ernährung die Lebenserwartung mit Sicherheit nicht steigert, im Gegenteil.

Mehr als nur ein Hoffnungsschimmer sind jedoch für mich die ZORBA the Buddha-Restaurants. Wenn man seine Voreingenommenheit überwindet und in eines dieser Restaurants geht, darf man sich auf vielseitige Genüsse freuen: Die Bedienung ist freundlich, es riecht gut, das Essen ist sinnlich, es sieht schön aus und schmeckt hervorragend, und – last, not least – es ist bekömmlich. Es gibt in diesen Restaurants sowohl Karottensaft als auch Champagner, und Sie brauchen keine Angst zu haben: Niemand wird dort versuchen, Sie zu bekehren. Mit Skinny Menue (gibt es zum Beispiel bei Hertie) und den ZORBA-Restaurants ist es möglich, sich sogar unterwegs bekömmlich zu ernähren.

Ernährungsrichtlinien

Das Hauptgewicht einer lebendigen und verwertbaren Ernährung liegt beim frischen Gemüse und Obst. Das Verhältnis von roher und gekochter Kost sollte 70:30 sein. Natürlich variiert das Verhältnis von Person zu Person, aber ich empfehle Ihnen ja auch keine Diät, sondern Ernährungsrichtlinien, auf die Sie sich etwas Eigenes für Ihre biochemischen – und sinnlichen – Bedürfnisse aufbauen sollen.

Schon in der Frühe kommt in fast allen Familien nur »tote Nahrung« auf den Frühstückstisch. Gelegentlich wird Orangensaft (meistens leider Potemkin-Saft, also kein reiner) als Vitamintrunk gereicht. Die Idee, daß morgens ordentlich gefrühstückt werden muß, scheint völlig veraltet. Natürlich sollte keine Mahlzeit übergewichtig sein, erst recht die erste des Tages nicht, denn viele Menschen haben einen Stoffwechsel, der die Schwerarbeit der Verdauung am frühen Morgen nicht gut verträgt. Doch auch frische Früchte mit Hüttenkäse und ein paar Nüssen geben ein appetitliches Frühstück und sind eine wirkliche Alternative zur Wurstsemmel.

An der Verwirklichung Ihrer guten Vorsätze sollten Sie sich übrigens nicht von Ihren Mitmenschen hindern lassen, die oft gerade dann, wenn jemand seine Eßgewohnheiten ändern will, erschreckend gehässig reagieren. Mir passierte kürzlich folgendes. Eine vierzehn Jahre jüngere Kollegin, mit der ich arbeitete, während ich dieses Buch schrieb, und die einige Gespräche hörte, die ich mit meiner Friseuse führte, weil ich ihr ihre Entwässerungstabletten ausreden wollte – was mir auch gelungen ist –, erzählte mehrmals, wie sie am Tag zuvor essen war. Immer sagte sie schnippisch zu mir herüber: »Ich habe gestern – pardon – einen riesigen Schweinebraten gegessen!« Weil ich mir vorgenommen habe, nicht mehr verletzend und bissig zu sein, unterdrückte ich die Bemerkung »Man sieht's, meine Liebe«. Denn das Ausmaß der Quervernetzung ihres Gesichts, die Schlaffheit ihres Gewebes, wäre ein tolles Beispiel für die Symptome einer Autointoxikation gewesen.

Milch- und Milchprodukte

Eigentlich enthält Milch alle Nährstoffe, die der Körper zum Aufbau braucht. Nur als Säugling allerdings verfügt man über ein Enzym namens Laktase, welches die Milch bzw. den Milchzucker, die Laktose, für den Körper verwertbar macht. Dennoch ist Milch in gesäuertem Zustand als Joghurt und in anderer saurer Form ein wichtiger Bestandteil einer lebendigen Ernährung. Ihre freundlichen Bakterien kann unser Körper nämlich sehr gut gebrauchen. Früh, mittags und abends kann gesäuerte Milch ein Bestandteil hochwertigen Essens sein. Ob mit Obst oder mit Gemüse und Knoblauch, als Mixgetränk mit ganzen Früchten, es lassen sich unglaublich viele Gerichte damit zaubern.
Unser Frühstück besteht manchmal aus einem Joghurt, den wir mit zwei Aprikosen, etwas Lecithin und Weizenkeim verquirlen.

»Essen« heißt dann langsam Schluck für Schluck trinken. Gehackte Gurken und Paprikaschoten mit Joghurt, frischem Knoblauch und Dill sind zum Beispiel eine wunderbare Sommermahlzeit. In Indien wird Huhn scharf gewürzt und mit einer Joghurtsoße zur Kühlung gereicht.

Während also reiner Joghurt sehr gesund ist, ist der gezuckerte mit weiß Gott wie konservierten Früchten wieder so eine Potemkin-Speise. Kinder, die in der Frühe mit den Resten eines solchen Joghurts in den Zähnen zur Schule gehen, haben alle Aussichten, Karies zu bekommen.

Öle und Fette

Wie ein hochwertiges Fett eigentlich sein muß? Kaltgepreßt, unraffiniert und nicht erhitzt. Deshalb ist es auch nicht lange haltbar! Ein richtig gutes Öl ist sehr schwer zu bekommen. Doch es lohnt sich, danach zu suchen, denn die meisten Supermarktöle sind schlecht. Sie werden mit hohen Temperaturen erzeugt oder unter Verwendung chemischer Stoffe wie Hexane. Dieses klare Öl hat eine ganze Menge hinter sich, bevor es »sauber und für ewig haltbar« in Regalen herumstehen kann. Lecithin, das normalerweise das Öl trübt, wird entfernt, und BHT, ein Antioxydant, beigegeben.

Sesam- und Olivenöl, Distelöl und Leinöl sind hingegen hochwertige, meist kaltgepreßte Öle, die, dunkel und kühl aufbewahrt, einen wichtigen Bestandteil einer guten Ernährung ausmachen. Zu den besten Ölen in Europa zählen das toskanische Olivenöl (dunkle Erstpressung) und einige Öle aus Reformhäusern und Alternativläden.

Dunkles Leinsamenöl auf Kartoffeln mit Quark und mit frischen Kräutern ist zum Beispiel eine der besten Mahlzeiten, die ich kenne. Doch braten in Öl und Fett ist vollkommen abzulehnen, ebenso frittieren. Viele Studien haben bewiesen, daß das eine wie das andere gesundheitsschädlich ist. Öle sind ausschließlich kalt wie auf Salaten zu verwenden. Obwohl Butter wegen der Cholesterin-Panik immer wieder in Verruf kommt, ist längst erwiesen, daß nicht die Butter, sondern die raffinierten Kohlehydrate die Verursacher der Cholesterin-Depots sind. Ein Arzt, mit dem ich befreundet bin, er ist Herzspezialist, hat mir das schon vor zwanzig Jahren gesagt: Nicht die Butter, sondern der Zucker und das weiße Mehl sind verantwortlich für die Cholesterin-Depots. Wenn Sie also ein wenig Fett zum Soutieren verwenden wollen, dann nehmen Sie ruhig Butter.

Das Eiweiß-Märchen

Jeden Tag Fleisch, Wurst oder Fisch zu essen ist sowohl unter gesundheitlichem als auch unter moralischem Aspekt falsch. Moralisch falsch deshalb, weil zur »Produktion« von Fleisch, also zur Rinder- und Schweinemast, unverhältnismäßig viel pflanzliche Nahrung aufgewendet werden muß, die in den Hungergebieten unserer Welt dringend benötigt wird.

Die Fixierung auf Fleisch ist genauso wie die auf weißen Zucker das Abbild einer veralteten Vorstellung von Luxus. Doch »täglicher Luxus« ist kein Luxus mehr. Der Standardwert des täglich notwendigen Eiweißkonsums ist von der WHO – der World Health Organization – in den letzten zwanzig Jahren von 120 g auf 46 g gesenkt worden. Unseren Tagesbedarf können wir also mit 200 g gelben Erbsen oder 150 g Sojabohnen oder 180 g Weizenkörnern oder 200 g Hühnerbrust oder 225 g Heilbutt oder 210 g Hammel decken. Jedes Gramm darüber ist schon zuviel! Gerade das übermäßige Essen von tierischem Eiweiß kann erwiesenermaßen – selbst ohne Berücksichtigung der Gefahren für die Gesundheit, die durch die unbewußte Aufnahme der an die Zuchttiere verfütterten Medikamente bestehen – eine ganze Reihe fataler Folgen haben.

1. Ammoniak ist ein Produkt des Verdauungsprozesses von Fleisch. Ißt man zuviel davon, führt das zu einer langsamen Überschwemmung des Körpers mit dem Stoff, was erhebliche Gefahren in sich birgt. Wissenschaftliche Studien haben einen Zusammenhang zwischen Ammoniak und erhöhter Krebsgefährdung hergestellt.

2. Kalzium- und Magnesiumdefizit. Fleisch enthält 22mal mehr Phosphor als Kalzium. Doch diese zwei Mineralstoffe treten in vielen Funktionsabläufen des Körpers als gleichwertige Partner auf. Um dieses Gleichgewicht zu halten, wird dem Körper also aus seinen Reserven Kalzium entzogen, was zu Mangelschäden führt.

3. Zuviel tierisches Eiweiß stört das Säure-Basen-Gleichgewicht.

4. Fleischreste, die im Darm »liegenbleiben«, werden zu hochgefährlichem Gift für den Körper.

Das lebendige Eiweiß aus einem Kürbiskern ist dem gekochten tierischen in seiner Assimilierbarkeit weit überlegen. Wer aber auf tierisches Eiweiß nicht verzichten will, der mache sich ein Carpacho, ein italienisches Gericht aus rohen, hauchdünn

geschnittenen Fleischscheiben, die mit Öl und Kräutern angemacht werden. Ebenso geeignet sind Sushi, japanische Häpp-
chen aus rohem Fisch mit Gemüse, die mit Streifen von ge-
trocknetem Seetang umwickelt werden.

Eiweißproteine

Diese Proteine bestehen aus 22 Aminosäuren, den Bausteinen
des Eiweiß. Acht dieser Aminosäuren können vom Körper selber nicht hergestellt werden, man nennt sie die essentiellen Aminosäuren. Eiweiße, die alle acht essentiellen Aminosäuren enthalten, werden als vollständige Aminosäuren bezeichnet. Wenn
eine dieser Aminosäuren fehlt, sind sie unvollständig. Früher
glaubte man, daß nur tierisches Eiweiß diese vollständigen Eiweiße oder Aminosäuren enthält. Studien des Max-Planck-Insti-
tuts haben jedoch gezeigt, daß auch pflanzliches Eiweiß hochwertig, also vollständig sein kann. Sojabohnen, Avocados, Kartoffeln, Kürbiskerne, Sonnenblumenkerne, Mandeln und alle
grünblättrigen Gemüsesorten enthalten alle acht Aminosäuren.
Weiterhin kann auch durch die Verbindung unvollständiger Ei-
weißträger eine vollständige, hochwertige Eiweißkombination
entstehen. Ein Beispiel einer komplementär wirkenden Kombination ist das mexikanische Gericht Maistortillas und Bohnen.

20 Grundregeln
für eine gesunde Ernährung

Die folgenden 20 Regeln werden Ihnen zeigen, wie leicht es im Grunde ist, die ersten Schritte zu einem gesunden Leben und damit zu mehr Körperharmonie zu tun.

1.

Essen Sie nur, wenn Sie Hunger und/oder Appetit haben. Nicht aus Gewohnheit, nicht aus Höflichkeit, nicht aus Ärger. »*Lustvoll essen.*«

2.

Trennen Sie grundsätzlich Stärke und Eiweiß (z.B. Kartoffeln und Fisch). Grundsätzlich bedeutet nicht immer und ohne Ausnahme, sondern eben nur als Grundsatz. Verbohrtes Essen ist ungesund, egal, wie gesund es theoretisch ist.

3.

Versuchen Sie, möglichst rückstandfreies, hochwertiges Gemüse und Obst und Fleisch zu essen. Wir wissen, daß unsere Umwelt es zur Zeit nicht möglich macht, vollkommen sauberes Essen zu bekommen. Dennoch ist eine dunkelrote biologisch-dynamische Karotte einer blassen (Potemkin-)Karotte vorzuziehen. Durch Ihren Kauf unterstützen Sie die Bemühungen aufrichtiger Bauern zur Verbesserung der Qualität.

4.

Sorgen Sie dafür, daß Ihr Essen schonend zubereitet wird. Selbst der gehaltvollsten Nahrung kann man im Kochtopf den Todesstoß versetzen. Das Garen macht manche Speisen erst optimal verdaulich (z.B. Karottenpüree). Es lohnt sich, entsprechend geeignete Töpfe zu kaufen. Einmal investiert – immer profitieren.

5.

Essen Sie lieber etwas zuwenig als zuviel. Essen, bis einem der Bauch platzt, bedeutet nicht essen, bis man satt ist. Ist die Nahrung richtig kombiniert, wird die Riesenmahlzeit überflüssig.

6.

Lieber fünf kleine Mahlzeiten als drei große. Das Gewicht und die Gesundheit profitieren davon. Kleine frische Zwischenmahlzeiten halten den Blutzuckerspiegel auf einem gesunden Niveau und sorgen für einen gleichmäßigen Leistungspegel.

7.

Versorgen Sie sich selbst. Sich auf verkochtes Kantinenessen oder Reisekost einzulassen sollte kein Dauerzustand sein. Es ist leicht, Obst oder Quarkspeisen oder Salate in Behältern so einzupacken, daß man sie unterwegs ohne große Probleme essen kann. Früher galt es nicht als unchic, die mitgenommene Butterstulle zu essen, um sich nicht jedem Koch ausliefern zu müssen.

8.

Nehmen Sie Nährstoffe zu Hilfe. Von Depressionen bis zu fettem Haar kann alles seine Ursache in Nährstoffmangel haben. Der Irrtum, anzunehmen, »das viele Essen nährt mich auch«, hat manch einen zu Fall gebracht. Es ist sehr wichtig, mit einem ernährungsbewußten Arzt oder Heilpraktiker sorgfältig abzusprechen, welche Nährmittel Sie in Ihrer normalen Kost wahrscheinlich vermissen.

9.

Mehr Vitamin C, wenn Sie das Rauchen nicht lassen können.

10.

Zusätzlich Zink und Basica, wenn Sie viel getrunken haben.

11.

Sonnenblumenkerne und Kürbiskerne enthalten viele Nährstoffe und können in einem kleinen Plastikbeutel diskret mitgenommen werden als hochwertiger Retter in der Not! Wenn Verhandlungen lange dauern, muß man so nicht einen wabbeligen Hamburger essen.

12.

Vermeiden Sie zuviel Salz. Bestellen Sie im Restaurant, wann immer es geht, ungesalzen. Bluthochdruck ist ein gefährliches Gesundheitsproblem.

13.

Vermeiden Sie weißen Zucker. Zucker ist viel gefährlicher, als man denkt. Übersäuerung und Vitamin B-Mangel können die Folgen sein. Beides bereitet den Weg für Nervosität und Fehlverhalten. Unerhitzter Honig dagegen in vernünftigen Mengen ist gesund.

14.

Fügen Sie Bierhefe zu Ihrem täglichen Speiseplan. Bierhefe ist ein unerläßliches Nährstoffkonzentrat für alle, die keine Zeit haben, sich einer sorgfältig zubereiteten Nahrung zu widmen. (Das kann nur die Hausfrau, der Hausmann oder ein Koch.) Einige Löffel Bierhefe, in Joghurt verrührt, werten jedes Hotelfrühstück auf.

15.

Vermeiden Sie alle »Softdrinks« und Süßstoffgetränke. Nicht nur der Zucker, sondern auch die Süßstoffe werden von Ernährungsfachleuten abgelehnt.

16.

Trinken Sie ruhig gelegentlich Alkohol. Alkohol ist nicht nur schlecht. Gelegentlich kann er sehr bekömmlich sein, hat Nährstoffe und entspannt. Doch häufiger als gelegentlich ist davon abzuraten. Trinken Sie bewußt und mit Genuß.

17.

Essen Sie nie altes, ranziges Essen. Aus Sparsamkeit gammliges Zeug zu essen ist vollkommen unsinnig. Diese Art Essen belastet den Körper und macht ihn anfälliger für Krankheiten. Dies gilt auch für ranzige Weizenkeime. Selbst das Gesündeste kann schlecht werden.

18.

Essen Sie nicht regelmäßig Konservenkost. Konserven enthalten kein lebendiges Essen. Daher ist es für den Organismus kaum von Nutzen.

19.

Nehmen Sie nie arglos Tabletten! Egal, welcher Art. Alle Tabletten, selbst Nährmittel und konzentrierte Wirkstoffe, sollten nicht willkürlich genommen werden.

20.

Die Bewegung des Körpers bringt erst den richtigen Schwung, um die Nährstoffe zu verteilen. Somit ist Bewegung auch ein Teil der Ernährung. Sie sorgt für die Verteilung, ohne die unsere Nahrung nur einen Bruchteil seiner Möglichkeiten erreicht.

Trennkost

»Eine neue Gesundheitsära«, das war der Titel des Buches, in dem Dr. Hay 1939 zum erstenmal das Prinzip und die Wirkungsweise der Trennkost beschrieb. Trotz des imposanten Titels und der tatsächlich revolutionären Erkenntnisse, die in dem Buch mitgeteilt wurden, blieben die Folgen aus. Wenige kennen heute den Begriff Trennkost, und noch weniger wissen, was er bedeutet. Es gibt dennoch eine wenn auch kleine Gruppe von Trennköstlern, die durch das Einhalten dieses Prinzips ganze Myriaden von leichten und schwereren Beschwerden losgeworden sind. Auch ich gehöre dazu. Bei mir hat die Trennkost in Kombination mit der Symbioselenkung den Unterschied zwischen Siechen und Leben gemacht. Hier ein paar einfache Erläuterungen des Trennkostprinzips. (Wer sich genauer damit beschäftigen will, sollte sich das Buch »Die Hay'sche Trennkost« von Ludwig und Ilse Walb, erschienen im Karl F. Hauck Verlag, besorgen.) Hay sagt, die einzige wahr Behandlung aller Krankheiten ist die Verhinderung ihrer Ursachen! Die Ursachen sind – nicht nur seiner Meinung nach – die Überschwemmung des Körpers mit Stoffwechselrückständen durch falsche Ernährung und falsche Zusammenstellung der Nahrung.

Als Feinde der Gesundheit gelten:
Zuviel Fleisch, zuviel denaturierte Nahrungsmittel (weißer Zucker, weißes Mehl, totgekochte Speisen, Konserven, Gefrorenes, Gespritztes usw.). Plus, und das ist das Hay'sche Prinzip, die falsche Kombination von Speisen.

Nach Hay gilt, daß die Ursache für frühe Erkrankungen in der Mißachtung der Gesetze der Chemie, die die Verdauung der Nahrung regeln, begründet liegt. Würden diese Gesetze bei der Auswahl und erst recht bei der Zusammensetzung der Nahrung befolgt, so würde der Körper in wenigen Wochen eine solche Regeneration erfahren, daß selbst die größten Skeptiker davon überzeugt würden, daß wir das sind, was wir essen. (Ich persönlich kann da nur zustimmen.) Jeder Chemiker weiß, daß zur Stärkeverdauung zuerst der Speichel gebraucht wird. Seine Wirkung hängt aber von einem schwachen Ferment, dem Ptyalin, ab, das nur bei genügend vorhandenen Basen wirken kann. Ohne Basengrundlage gibt es keine Ptyalinwirkung auf Kohlehydratnahrung. Ißt man also das stärkehaltige Brot oder die gekochten Kartoffeln mit sauren Früchten zusammen, dann hat man die alkalische Vorbedingung beseitigt, von der das Ptyalin abhängig ist, es kann also seine Aufgabe nicht erfüllen, und die Stärke kommt unverdaut in den Magen. Da es im Magen aber kein Ferment gibt, das auf die Stärke einwirken kann, bleibt sie unverdaut und kommt so unmittelbar in den Dünndarm, wo wieder kein genügendes Mittel zu ihrer Verdauung vorhanden ist und wo sie bei Wärme und Feuchtigkeit dann gärt.

Die Verdauung der Eiweißnahrungsmittel wie Fleisch, Fisch, Eier und Käse hängt in erster Linie von der Wirkung des Pepsins im Magensaft ab. Da Pepsin nur bei vorhandener Säure arbeitet, so handeln wir falsch, wenn wir zu einer Eiweißmahlzeit reichlich Kohlehydrate essen, denn die Stärkemehle verlangen Basen, und die Eiweißstoffe verlangen Säuren. Der Magen kann nicht beides zur gleichen Zeit entwickeln, denn keine Flüssigkeit kann zur gleichen Zeit sauer und basisch sein, sowenig wie ein Zimmer zur gleichen Zeit hell und dunkel sein kann. Hätten wir nicht noch Alkalireserven im Körper, um die sich bildenden Säuren zu binden, so würden wir nicht lange genug leben, um unser Testament machen zu können. Die Säure ist im Körper unduldsam, und wenn sie sich bildet, müssen immer in den Zellen und Geweben freie Basen sein, damit sich die Säure binden kann, sonst erleiden wir schwere Schäden. Darum können wir sagen, daß die funktionelle Aktivität im genauen Verhältnis zu unserer Alkalireserve steht. Alles, was unsere Basenreserven erschöpft, erschöpft auch unsere funktionelle Aktivität, unsere Gesundheit also. Je weniger Säuren wir bilden, um so weniger Basen werden von der Reserve gebraucht, und um so vollkommener wird unser Körper funktionieren.

Vor den praktischen Anleitungen zur Essenszubereitung nach dem Trennkostprinzip möchte ich noch von einem spektakulären Fall der positiven Wirkung des Prinzips erzählen. Es ist der des Professors Robert G. Jackson aus Toronto, Ontario, Kanada, der mit 49 Jahren eine Schrumpfniere bekam. Er hatte Bluthochdruck, Arterienverkalkung, Doppelglaukom (grüner Star), Blutung in einem Augenhintergrund, wodurch er die Sehfähigkeit ganz verloren hatte, Neuritis und Arthritis, was ihn fünf Jahre zu einem Krüppel machte. Er ging den vorgeschriebenen Weg des Essens unter dem Trennkostprinzip, was seine Gesundheit von Jahr zu Jahr besserte. Er kam mit 75 Jahren noch gut in Form, wurde muskulös und konnte jeden Tag 10 Meilen gehen, und zwar aufrecht, anstatt gebückt wie früher, und erreichte wieder vollkommene Sehfähigkeit. Die Geschichte Professor Jacksons, der an einer Hochschule in Philadelphia lehrte, ist deshalb besonders bemerkenswert, weil er aus einer Familie stammte, deren Mitglieder nie älter als 43 Jahre wurden und alle von demselben Leiden dahinsiechten, von dem er selbst befallen worden war.

Geistesarbeiter sollten die Wirkung der Trennkost mit Rücksicht auf ihr Studium und ihre Leistungsfähigkeit besonders beachten. An der Entsäuerung des Körpers nimmt auch das Gehirn teil. Die geistige Leistungsfähigkeit steigert sich, und auch das Persönlichkeitsbild wird ausgeglichener. Wenn sich nach längerem Fasten der Körper von seinen Schlacken befreit hat, wird der Geist so lebendig, daß die Gedanken glaskar werden und das Unterbewußtsein fast das Verborgene sehen kann. Das können alle Leute bestätigen, die jemals eine Fastenkur gemacht haben. Auch die alten Philosophen Griechenlands lehrten ihre Schüler zuerst eine naturgemäße Ernährung, und sie übten so strenge Enthaltsamkeit, daß daraus deutlich wird, welche Wichtigkeit sie dem für ihre Philosophie beigemessen haben. Epikur, Sokrates und Plato legten viel Wert auf richtige Ernährung, ja sie betrachteten sie als Grundbedingung für ihre Philosophie, und sie erprobten, was sie predigten.

Auch ständige Müdigkeit kann ein Alarmzeichen dafür sein, daß man sich falsch und ungesund ernährt. Nach Hay »gibt es zwei Arten von Müdigkeit, die eine ist physiologischer, die andere pathologischer Art. Die eine ist das natürliche Ergebnis geistiger oder körperlicher Anstrengung, der Warnruf der Natur, daß der Körper genug Energie verbraucht hat und ruhen muß; die andere, pathologische Art ist eine Krankheit wie Blattern oder Tuberkulose. Sie rührt nicht von Anstrengung her, denn wir spüren sie immer. Um zu beweisen, daß diese pathologische Müdigkeit Selbstvergiftung und heilbar ist, machte Hay mit 18 Männern von 28 bis 55 Jahren den Versuch, nur ihre Kost zu ordnen, beließ sie aber sonst bei den gewohnten Nahrungsmitteln. Als Standardprobe der Steigerung ihrer Leistungsfähigkeit wurden die Kniebeugen kontrolliert, d.h. die Zahl der Aufrichtungen aus der Hocke zum aufrechten Stehen. Voraussetzung war, daß die Versuchspersonen ihre Kniebeugen nur zu den Kontrollzeiten ausübten. Die erste Woche der Kontrolle ergab eine Besserung ihrer Leistungsfähigkeit von 50 %, am Ende der 4. Woche von 165 %! Es wurde damit die unmittelbare Wirkung der Ordnung der Ernährung auf die Ausdauer bewiesen, denn zweifellos ist die ungewöhnliche Kraftsteigerung nur mit der Selbstentgiftung des Körpers zu erklären.«

Praktisch gesehen heißt Trennkost:

a) die Trennung von konzentriertem Eiweiß und Kohlehydraten,
b) die Kombination von Eiweiß mit Säuren (z.B. Fleisch und saure Früchte) und Kohlehydrate mit Basen (z.B. Reis, Fenchel und Sahne).

Dies garantiert die optimale Verwertung der Speisen und die Reduzierung der Stoffwechselrückstände im Körper. Stoffwechselrückstände sind, wie wir wissen, Wegbereiter für einen frühzeitigen Verfall, der sich in vielerlei Schönheits- und Gesundheitsproblemen zeigt.

Faustregeln zur Hay'schen Trennkost

Sowenig wie möglich konzentrierte Eiweiß- und Stärkeprodukte essen. Hauptsächlich Obst und Gemüse. Mehr als 60 bis 100 g Fleisch oder Fisch oder andere Eiweißprodukte am Tag sind nicht nötig, und nicht mehr als 30 bis 60 g Fett. Nur eine Eiweißart zu einer Mahlzeit, also entweder Fleisch oder Fisch oder Käse; nur eine Stärkemehlart, also Kartoffeln oder Brot oder Nudeln oder Reis. Die Trennung von Eiweiß und Kohlehydraten ist der Kernpunkt dieser Ernährung.

Basenmahlzeiten sind Gemüse, Milch und Obst.

Eiweißmahlzeiten: Eier, Fleisch, Fisch, Käse, unter 60 % Fettgehalt, Milch, Sojamehl.

Kohlehydrate sind in: Getreide, Brot, Nudeln, Reis, Kartoffeln, Grünkohl, Bananen, Zucker, Datteln, Feigen, Honig, Rübensirup.

Bei Milch trennen sich die Geister derartig, daß man es selber ausprobieren muß.

Sauermilchprodukte sind laut dem exzellenten Buch von Ludwig und Ilse Walb »Die Hay'sche Trennkost« auch mit Stärke zu mischen.

Man trennt Stärke und Eiweiß, also:

Kartoffeln	Fisch
brauner Reis	Fleisch
Hirse	Eier
Grünkohl	Käse (unter 60 %)
Nudeln	Sojamehl und -produkte
Getreide	
Brot	
Bananen	
Datteln	
Feigen	
Honig	

roh   Tomaten   gekocht

neutral
Sahne, Fette, Gemüse, Salat, Heidelbeeren

paßt zu beiden

SALATE
Soße mit Säure angemacht,
Zitrone

SALATE
ohne Säure angemacht, Öl, Kräuter, Sojasoße

Aus meiner Rezeptesammlung

Um Ihnen den Weg zu einer gesunden Ernährung etwas leichter zu machen, und für alle, die die »ersten Schritte« gleich nachkochen wollen, habe ich in diesem Kapitel meine Lieblingsrezepte zusammengestellt.
Sie finden Anregungen für ein kraftspendendes Frühstück, für Mittags- oder Abendessen und für kleine Zwischenmahlzeiten.

Kräutertee

Hier bieten Ihnen – soweit Sie am Fensterbrett oder Balkon keine Möglichkeit haben, selber Teekräuter zu ziehen – die Tee- und Bioläden sowie Kräuter- und Reformhäuser reiche Auswahl.
Kräutertees schmecken nicht nur ausgesprochen gut, sie haben, ganz nebenbei, auch ausgesprochen angenehme »Nebenwirkungen«:
Kamillentee sei allen empfohlen, die zu Nervosität neigen und denen Streß schnell auf den Magen schlägt.

Früchtetee mit Zitrone ist geradezu eine geballte Ladung Vitamin C und sehr zu empfehlen, wenn gerade diverse Grippeviren umgehen (löscht außerdem Durst!).

Hagebuttentee wirkt sich beruhigend auf gereizte Harnwege, die Nieren und die Blase aus.

Fencheltee ist das ideale Frühstücksgetränk für Leute mit Neigung zum Husten oder gar Dauerhusten (starke Raucher). Außerdem hat er eine ausgesprochen günstige Wirkung auf die Verdauung.

Brombeerblättertee enthält kein Tein und ist deshalb Leuten mit Herz- und Kreislaufbeschwerden als Ersatz für schwarzen Tee zu empfehlen.

Pfefferminztee (»Künstlertee«) fördert die Kreativität und Sinnlichkeit.

Lindenblütentee fördert die Durchblutung und ist deshalb der ideale Aufwärmer für kalte Tage.

Und last, not least:

Malventee. Er hat nicht nur eine wunderschöne, weinrote Farbe, sondern ist auch vom Geschmack her in meinen Augen der König unter den Kräutertees. Durststillend und fruchtig schmeckend, ist er besonders bei Kindern beliebt.

Wenn Sie zwischendurch herkömmliche Teesorten aus Übersee trinken, beachten Sie ein paar Erfahrungen, die ich gemacht habe:

Kaufen Sie Ihren Tee nicht in abgepackten, in Folien eingeschweißten Dosen, sondern frisch abgefüllt in Teeläden, die zur Zeit selbst in kleineren Orten wie die Pilze aus dem Boden schießen. Sie werden einen Geschmacksunterschied feststellen wie Tag und Nacht. Der abgepackte Tee aus den eingeschweißten Dosen schmeckt dagegen wie Stroh ...

Bewahren Sie Tee niemals in Kunststoffbehältern auf – sie ziehen meiner Meinung nach Aroma ab. Ideal sind gut verschließbare Gläser oder Blechbüchsen.

Verwenden Sie keine Teesiebe aus Baumwolle – es sei denn, Sie kochen sie nach jeder Verwendung gründlich aus. Andernfalls bleiben Gerbstoffe in der Baumwolle zurück, die bei jedem neuen Brühvorgang an Ihren frischen Tee abgegeben werden, so daß Ihr Tee von Mal zu Mal bitterer wird.

Es gibt inzwischen sehr praktische Teefilter aus Papier, die Sie nach der Verwendung – wie Kaffeefiltertüten – wegwerfen können.

Frische Säfte

Ideal ist eine Saftpresse (die Sie für alle Früchte verwenden können).

Beachten Sie beim Saftpressen, daß die Säfte *sofort* getrunken werden müssen. Stehen sie zu lange an der Luft, gehen die Vitamine verloren, weil sie Sauerstoffverbindungen eingehen, die dann ihre Wirkung aufheben.

Meine liebsten Frühstücksrezepte

Müsli variabel

Müsli sollte, sozusagen als Grundausstattung, immer beinhalten: Haferflocken und/oder Vollweizenflocken, Rosinen (oder im Herbst frische Beeren), gehackte Nüsse (Walnüsse, Haselnüsse oder auch Kürbiskerne), geraspelten Apfel, ein paar Tropfen Honig und Milch, Sauermilch oder mit Wasser verdünnte Sahne.

Lassen Sie das Ganze mindestens 15 Minuten »weichen«.

Je nach Jahreszeit mit frischem Obst oder Beeren ergänzen. (Verwenden Sie niemals Büchsenobst!)

Joghurt »natur«

Um da hundertprozentig sicher sein zu können, müssen Sie Ihren Joghurt selbst zubereiten. Das dazu nötige Ferment ist im Reformhaus in Pulverform erhältlich. 1 Teelöffel davon in ein gründlich gereinigtes (keimfrei ist Bedingung!), luftdicht verschließbares Einmachglas oder in eine Thermosflasche geben. Milch abkochen und auf 45 Grad (bitte mit dem Thermometer nachmessen) abkühlen lassen. Die Milch über das Pulver gießen und das Gefäß gut verschließen. In circa 18 Stunden haben Sie fertigen Hausmacher-Joghurt.

Achtung: Joghurt ist zwar gesund, aber nur – wie alle Dinge im Leben –, wenn in Maßen genossen.

Bananen-Honig-Milch

Die in Scheiben geschnittene Banane nicht – wie sonst üblich – ganz, sondern nur halb zerdrücken und zusammen mit ein paar Tropfen Honig mit Milch verquirlen.

Hüttenkäse mit Ei im Glas

Es ist so einfach, wie sich's anhört:
1 Ei im Glas mit 2 Eßlöffel Hüttenkäse mischen und den Geschmack mit frischem Schnittlauch oder gehackter Petersilie abrunden.

Joghurt-Frucht-Schnee

Vermengen Sie Joghurt zu gleichen Teilen (je 1 Tasse) mit frisch gepreßtem Fruchtsaft, und geben Sie 1 Teelöffel Honig sowie ein paar Tropfen Zitronensaft zu. Schlagen Sie etwas Sahne steif, und ziehen Sie es vorsichtig unter die Joghurtmasse.

Avocado-Krabben

Die Frucht der Länge nach teilen und vom Kern befreien; die Fruchthälften aushöhlen, das Fruchtfleisch zerkleinern, mit frischen Krabben mischen. Mit Salz, Zitronensaft (evtl. Pfeffer) nach Geschmack würzen und am Schluß mit etwas Tabascosoße den Geschmack abrunden. Die Avocado-Krabben-Füllung in den Fruchtschalen servieren.

Waldorfsalat

Eine halbe gedünstete Sellerieknolle würfeln, kaltes Huhn kleinschneiden, geraspelte Äpfel, zerkleinerte Ananas oder Manda-

rinenspalten dazugeben. Mit kleingehackten Nüssen ergänzen. Mit einer Prise Salz und Zitronensaft würzen. Statt der sonst üblichen Mayonnaise nehme ich Quark oder Joghurt als Salatsoße (evtl. mit zwei Teelöffeln Sahne verfeinert).
Sie können statt der Sellerieknolle auch Möhren, Blumenkohl oder Kohlrabi nehmen.

Porridge pikant
Die Hälfte einer kleinen Zwiebel hacken, in 1 Eßlöffel Butter goldgelb glasig braten, 3 Eßlöffel Haferflocken dazugeben und ca. 1–2 Minuten unter Wenden mitrösten. Mit 1 Tasse Gemüsebrühe ablöschen. Salz und gehackte Petersilie hinzufügen und bei milder Hitze ca. 5 Minuten garen lassen. Am Schluß mit 1 Teelöffel Sahne geschmacklich abrunden.
Dasselbe können Sie mit wildem Reis – statt der Haferflocken – machen. Die Garzeit verlängert sich entsprechend.

Ei-Spinat
2 Handvoll frische Spinatblätter in etwas Wasser dünsten. Die Hälfte einer kleinen Zwiebel kleinhacken und goldgelb-glasig dünsten. Die fertig gekochten Spinatblätter dazugeben und mit dem Quirl passieren. Mit etwas Muskatnuß und Salz abschmekken. 1 Teelöffel Sahne und 1 Ei hinzufügen und ein paarmal kurz aufkochen lassen. Sie können das Ei auch weglassen und zum Spiegelei umfunktionieren.
Dieses Frühstücksrezept ist natürlich auch als Mittag- oder Abendessen geeignet.

Meine liebsten Mittag- und Abendessen- sowie Zwischenmahlzeit-Rezepte

Alle angegebenen Rezepte sind für zwei Personen gedacht. (Und hier noch einmal der Hinweis: Fleisch so selten wie möglich.)

Petersilien-Kalbsgeschnetzeltes

200 g Kalbfleisch
(Nuß, Schulter oder Oberschale)
1 große Zwiebel
½ Tasse Fleischbrühe
1 großer Bund Petersilie
1 Eßl. Butter

Salz, Pfeffer
½ Tasse Weißwein
2 Eßl. Sahne

Garzeit: 10 Minuten

Beilagen: Frische Salate. Verzichten Sie auf Kartoffeln, Nudeln, Reis (Stärke!). Falls es Ihnen schwerfällt, mit dem Salat als Beilage auszukommen, nehmen Sie Gemüse als »Ersatz« für die vielleicht liebgewordenen Rösti.
Seien Sie nicht nur eine gesundheits-, sondern auch eine umweltbewußte Hausfrau: Kaufen Sie kein hormonverseuchtes, weißes Kalbfleisch, sondern eines, das eine natürliche hellrote bis kräftig rote Farbe hat!
Achten Sie beim Anbraten des Fleisches darauf, daß die Butter nicht zu braun wird. Die Petersilie nicht wie sonst üblich erst vor dem Servieren über das Gericht streuen, sondern in das fast fertige Gericht

mengen und noch ca. ½ Minute (bei ausgeschalteter Herdplatte) mitbruzzeln lassen.

●

Sukiyaki (das japanische Nationalgericht)

170 g Rinderfilet
2 kleine Zwiebeln
je 1 kleine rote und grüne Paprika-
schote (sonst je ½)
½ Schote Pimiento
(scharfer roter Paprika) (nur wenn Sie
gerne scharf mögen)
100 g Bambussprossen

100 g frische Champignons (nicht aus
der Dose!)
1 Eßl. Butter
Salz, Pfeffer
1 Teelöffelspitze (2–3 Tropfen) Honig
1 Teel. Sojasoße
½ Tasse Gemüsebrühe

Garzeit: ca. 20 Minuten

Nachdem Sie das in dünne Scheiben geschnittene Fleisch links und rechts je 1 Minute angebraten haben, in der Mitte der Pfanne zusammenschieben und das in Streifen geschnittene Gemüse darum herum (in der Gemüsebrühe, dem Wein und den Gewürzen) fertiggaren.

●

Leber à la Berlin

2 Scheiben Kalbsleber
zu je 125 g, ca. 2 cm dick
1 Zwiebel, feingehackte Petersilie (als
Mehlersatz)
1 säuerl. Apfel (keine mehlige Sorte!)

1–2 Eßl. Butter, 1 Teelöffelspitze
brauner Zucker, Pfeffer, Salz
1 Eßl. Preiselbeermarmelade

Garzeit: 5–6 Minuten

Ein Hinweis vorneweg: Leber **nur** chemiefrei, wie sie zum Beispiel von Demeter angeboten wird. Erkundigen Sie sich in Ihrem Reformhaus und in einem Alternativladen nach Bezugsquellen.

Legen Sie die Leber nicht, wie wir es vielleicht von unseren Müttern gelernt haben, vor dem Anbraten in Mehl! Würzen Sie mild mit Pfeffer (nicht salzen!), und wählen Sie als »Mehlersatz« sehr fein gehackte Petersilie.

Nicht alles aus der »alten« Küche ist falsch – Lebergerichte sollten prinzipiell erst gesalzen werden, kurz bevor sie auf den Tisch kommen.

●

Geflügelleber mit Rührei

100 g frische Champignons	*Für Rührei:*
150 g Geflügelleber	*3 Eier*
1 Eßl. Butter	*3 Eßl. Milch*
Salz, Pfeffer	*1 Eßl. Butter*
1 Tasse Madeirawein	*½ Bund Petersilie*
	Bratzeit: 15 Minuten

Die abgewaschene und trockengetupfte Leber auf beiden Seiten gleichmäßig braten, auf einer Platte warmstellen. Den Bratenfond mit ein wenig Wasser (max. 2 – 3 Eßl.) ablöschen, den Wein und die frischen, feinblättrig geschnittenen Champignons dazugeben und gardünsten. Die fertigen Champignons über die Leber gießen und mit einem Rühreikranz »garnieren«. Dazu frische Salate – möglichst keine Kartoffeln, da das Gericht sonst zu üppig wird. Geflügelleber mit Rührei eher als Mittagessen kochen.

Es ist kein so »leichtes« Essen, wie man vermuten könnte, so daß Sie das Gericht bis zum Abend durch Bewegung verdauen.

●

Tafelspitz

Zutaten für 6 Personen	*1 Möhre*
½ kg Rindfleisch (von der Lende)	*¼ Sellerieknolle*
¼ l Wasser	*1 Petersilienwurzel*
1 Teel. Salz	*1 Stange Lauch*
1 Lorbeerblatt	
5 Pfefferkörner	*Garzeit: 1–1 ½ Stunden*
½ Gemüsebrühwürfel	

Als Beilage gut geeignet: Sahnemeerrettich und (als Ersatz für die Röstkartoffeln) fein geschnittene, in Butter gedünstete Möhren oder frische grüne Bohnen.

●

Fleisch-Fondue

Zutaten pro Person:
125 g gemischtes Fleisch aus Rinder-
u. Kalbsfilet

In den Fonduetopf
1 l Fleischbrühe
½ Glas Weißwein
1 Eßl. Sojasauce
2 Tropfen Tabascosauce
Salz nach Geschmack

Als Beilagen bzw. Stippsoßen eignen sich alle frischen Quark- und Sahne-Soßenvarianten, z.B. mit Dill, Meerrettich, Schnittlauch, Tomaten, Soja, usw.

●

Tomatengulasch

1 kg Tomaten
200 g Putenbrust
2 kl. Zwiebeln
Salz, Pfeffer, Majoran
1 Eßl. Butter

1 Tasse Gemüsebrühe
½ Bund Petersilie

Garzeit: 8 Minuten

Die feingeschnittenen Zwiebeln (nicht hacken!) in Butter goldgelb rösten, die geschälten, in Scheiben geschnittenen Tomaten dazugeben, würzen und 2–3 Minuten aufkochen lassen, dann mit der Gemüsebrühe ablöschen. Die gewürfelte Wurst oder Putenbrust und die feingehackte Petersilie dazugeben und das Ganze noch 3–5 Minuten fertiggaren lassen.

Vegetarische Gerichte

Ratatouille

250 g Auberginen
1 Eßl. Zitronensaft
125 g Zwiebeln
125 g Tomaten
125 g Zucchini
1 Knoblauchzehe
1 ½ Eßl. Olivenöl

½ Teel. Paprikapulver (mild)
je 1 Prise Thymian und (getrocknetes)
Basilikum
1 Tasse Wasser
1 ½ Eßl. saure Sahne
Salz

Garzeit: 25 Minuten

Die würfelig geschnittenen Auberginen mit dem Zitronensaft beträufeln und einziehen lassen, während Sie die übrigen Zutaten vorbereiten. Tomaten unbedingt schälen (tauchen Sie sie kurz in stark kochendes Wasser, dann platzt die Haut fast von alleine ab)!
Ein Tip: Verwenden Sie womöglich nur frische Kräuter. Es sei denn, Sie brauchen – wie im Fall der Ratatouille – den ganz bestimmten Geschmack der getrockneten Variante.

●

Champignon-Auberginen

Für die Auberginen:
1 Aubergine
½ Zwiebel
½ Knoblauchzehe
1 kleiner Eßl. Butter
125 g frische Champignons

Für die Soße:
½ Zwiebel (klein)
1 Eßl. Öl
2 kleine Tomaten (enthäuten und mu-sig kochen), Pfeffer, Salz, Nelken, Majoran
1 kleine Tasse Wasser
¼ l Gemüsebrühe
½ Bund Petersilie

Garzeit: 35 Minuten

Die gewohnte Hackfleischfüllung wird von den Champignons mehr als würdig vertreten. Sie können übrigens diese Pilzfüllung beliebig durch Kräuter ergänzen, falls Sie stark Gewürztes dem milden Champignon-Geschmack vorziehen.

●

Überbackene Pilze

250–500 g Pilze
½ Zwiebel
1 ½ Eßl. Butter
2 Teel. Mehl (nur zum Binden)
½ Bund Petersilie
½ Tasse Brühe
Salz

1 kleine Tomate
2 Scheiben Chesterkäse (möglichst frisch und nicht aus der Folie)

Garzeit: 15 Minuten

Zeit zum Überbacken: 5 Minuten

Die Pilze zusammen mit den glasig gebratenen Zwiebeln 5 Minuten andünsten, mit (ganz wenig) Mehl überstäuben und der Brühe aufgießen, 10 Minuten weich dünsten. Petersilie untermischen.
Das Pilzgemüse in feuerfeste Tassen füllen, mit den Tomaten garnieren und mit den Käsescheiben belegen. 5 Minuten im Backrohr überbacken.

●

Pilzrisotto

150 g gemischte Pilze (keine Champignons)
1 Tasse Wasser
125 g Naturreis
½ Zwiebel

1 kl. Eßl. Butter
¼ l Wasser
Salz

Garzeit: 30 Minuten

Den gewaschenen Naturreis zusammen mit den Zwiebeln (hellgelb)
anrösten. Die feinblättrig geschnittenen Pilze 10 Minuten in 1 Tasse
Wasser dünsten. Den Reis mit dem Pilzsud und ¼ l gesalzenem Wasser
bei milder Hitze 20 Minuten garen. Danach die gedünsteten Pilze
daruntermischen.
Ideale Beilagen: jegliche Art von grünen Salaten.

●

Überbackener Fenchel

2 Fenchelknollen
½ Zwiebel
insgesamt 2 Eßl. Butter
Salz, Pfeffer
1 kl. Tasse Weißwein
1 kl. Tasse Gemüsebrühe
1 Teel. Mehl (nur zum
Binden von Wasser
und Sahne)
2 Eßl. Wasser

1 Eßl. saure Sahne
20 g gerieb. Parmesan
1 Eßl. Zitronensaft
1 Tomate
1 Eßl. Semmelbrösel
Fenchelgrün

Garzeit: insgesamt 40 Minuten

Das gewürfelte Weißbrot in eine feuerfeste Form geben. Die gesäuber-
ten Fenchelknollen (geviertelt) zusammen mit den vorher angerösteten
Zwiebeln in der Gemüsebrühe und dem Wein bei sanfter Hitze 15
Minuten dünsten. Die Fenchelviertel anschließend in die feuerfeste
Form geben. Die Fenchelbrühe mit der gebundenen Sahne verrühren
und aufkochen lassen. Den Käse untermischen und alles mit Zitronensaft abschmecken. Geschälte Tomatenviertel auf den Fenchel setzen
und alles mit der Käse-Sahne-Fenchel-Brühe übergießen. Semmelbrösel darüberstreuen und in den vorgeheizten Backofen schieben.

Vor dem Servieren ein wenig kleingehacktes Fenchelgrün darüberstreuen.

●

Erbsenpürree

800 g Erbsen (in den Schoten)   *1 großer Eßl. Sahne*
¼ l Wasser   *1 kleiner Bund Petersilie*
Salz, ganz wenig Zucker
3 Eßl. Butter   *Garzeit: 20 Minuten*
Dill und Kerbel

Die ausgelösten Erbsen zusammen mit dem Dill- und Kerbel-Sträußchen (je 2 Zweige) sanft kochen. (Den Kräuterbund vor dem Pürieren entfernen – er dient lediglich als Aromatiseur!)
Falls Sie auf Fleisch dazu nicht verzichten wollen, nehmen Sie statt Kaßler lieber Putenbrust. Sie werden überrascht sein, welch guten Tausch Sie dabei machen!

●

Gurkengemüse

¾ l Wasser   *½ Tasse Sahne*
½ Teel. Salz   *1 Eigelb*
½ kg Gemüsegurken   *½ Teel. Zitronensaft*
1 ½ Eßl. Butter   *½ Bund Dill*
1 Messersp. Salz   *Garzeit: 10 Minuten*
1 Prise Pfeffer

Die Gurken sorgfältig schälen, der Länge nach vierteln, entkernen und wenige Minuten im kochenden Salzwasser blanchieren.
Danach werden die Gurken in Butter links und rechts angebraten und gewürzt. Sahne und Eigelb mischen und hinzufügen. Den feingehackten Dill erst am Schluß dazugeben.

●

Gedünsteter Lauch

350 g Lauch
1 ½ Eßl. Butter

1 kleine Tasse Wasser
Salz und Pfeffer

Garzeit: ca. 15 Minuten

Den in Scheiben geschnittenen Lauch in Butter andünsten und im Wasser garen. Je nach Geschmack würzen und evtl. mit dem Quirl passieren.

●

Folienkartoffeln

sind ein idealer Ersatz für ein aufwendiges Mittag- oder Abendessen. Die Alufolie muß auf der glänzenden Seite mit Öl bestrichen werden; die rohen Kartoffeln vor dem Einpacken in die Folie kreuzweise einschneiden (und mit diesen Schnittstellen nach oben in die geölte Folie einpacken).
Die Garzeit im Backrohr beträgt ungefähr 50–60 Minuten.

Würzen Sie mit Meersalz; zu Folienkartoffeln schmecken frisch gehackte Kräuter, Hüttenkäse (pur oder z.B. mit Schnittlauch), Sahnemeerrettich mit Quark, grüne Soße oder grüner Salat.

●

Zucchini-Gemüse

½ kg sehr kleine Zucchini
50 g Butter
½ Tasse Wasser
1 Messersp. Salz
1 Prise Pfeffer

1 kleiner Bund Petersilie
1 Teel. Zitronensaft

Garzeit: 8 Minuten

Achten Sie bei Gemüserezepten immer darauf, daß es nicht zerkocht – Gemüse verliert dabei nicht nur seinen individuellen Geschmack, sondern auch jeglichen Nährwert – wird zum »Füllstoff«.
Wenn Sie dieser Sache auf den Geschmack gekommen sind, werden Sie

auch schnell merken, daß Gemüse mit »Biß« sehr viel angenehmer (und befriedigender) zu essen ist als »Brei-Gemüse«.

Ein befreundeter Psychologe hat mir einmal erklärt, daß solche »Mus-Fans«, die nicht gerne kauen und beißen, in einer infantilen Eß-Phase steckengeblieben seien...

●

Ein sättigendes »kleines« Gericht ist:

Kartoffelschnee

Salzkartoffeln (für 2 Personen benötigen Sie ein ½ kg mehlige Kartoffeln), unter Beigabe von ½ Eßl. Butter zerdrücken, ½ Bund gehackte Petersilie daruntermischen. Nach Belieben würzen. Dazu alle Arten von frischen Salaten.

Kartoffelschnee ist – ergänzt durch 1 kleine, sehr fein gehackte Zwiebel – kalt auch ein äußerst wohlschmeckender Brotaufstrich.

●

Zwetschgenknödel

Teig aus gekochten Kartoffeln vorbereiten. Die sauber gewaschenen Zwetschgen entkernen und mit je ½ Teelöffel braunem Zucker füllen. Die Knödel müssen in leicht sprudelndes Salzwasser gelegt werden und ca. 20 Minuten sanft ziehen. Sie werden in Semmelbrösel, die in zerlassener Butter geröstet und mit ca. ½ Teel. Zimt gemischt wurden, gewälzt. Nach Bedarf zuckern (Fruchtzucker).

●

Kräuterquark

¼ Tasse Milch	1 Stengel Thymian oder Majoran
175 g Magerquark	1 Scheibe von einer Knoblauchzehe
Salz	½ Bund Radieschen
je ½ Bund Petersilie und Schnittlauch	

Dem Quark die gewärmte (nicht heiße!) Milch hinzufügen und mit dem Schneebesen oder Quirl schaumig rühren. Die Gewürze und kleingehackten Kräuter beimengen. Am Schluß mit den Radieschen garnieren und mit Schnittlauch überstreuen.

Kräuterquark ist ein herzhafter, erfrischender Brotaufstrich. Paßt gut zu Folienkartoffeln, Fisch, gegrillten Austernpilzen – und kann auch einfach so, als Zwischenmahlzeit, pur gegessen werden.

Ein ideales (Kater-)Frühstück für Leute, die Süßes am Morgen nicht leiden können.

●

Quarksoufflé

1 Teel. Butter
½ Bund Schnittlauch
250 g Magerquark
⅛ l Milch

1 Ei
Salz, 1 Prise Pfeffer

Backzeit: 60 Minuten

Den Quark, die Milch und das Ei schaumig rühren, die Gewürze und den feingeschnittenen Schnittlauch darunterziehen und in eine mit Butter vorgefettete, feuerfeste Form gießen. Im vorgeheizten Backrohr ca. 1 Stunde backen.

Zu Quarksoufflé passen Folien- und Pellkartoffeln und alle Arten frischer Salate.

●

Gegrillte Austernpilze

200 g Austernpilze
1 Eßl. Butter
½ Bund Petersilie

3 Knoblauchzehen
Salz, Pfeffer

Die Knoblauchzehen in hauchdünne Scheiben schneiden, kräftig mit Salz überstreuen und mit einer Messerspitze zu einem glasigen Brei zerdrücken. Die gewaschenen (und trockengetupften) Austernpilze damit einreiben und grillen. Falls Sie keinen Grill haben, können Sie eine Pfanne mit Butter (ganz wenig) ausreiben und so grill-braten.

Eine Soße zur Abrundung, zum Beispiel von buttergedünstetem Gemüse (pur)

1 ½ Eßl. Butter   1 Tasse Gemüsebrühe
1 ½ Eßl. Mehl   Salz, Pfeffer

Das Mehl in der zerlassenen Butter hellgelb werden lassen, bis es völlig abgebunden ist, dann unter kräftigem Rühren mit der Gemüsebrühe nach und nach ablöschen.
Wer einen kräftigeren Geschmack bevorzugt, kann in der Butter vorher ½ kleingehackte Zwiebel hellgelb rösten.

Ein Eiweiß-Menü

(4 Personen)

Vorspeise:

INDISCHE JOGHURTSUPPE

1 große fleischige Tomate
1 Salatgurke
2 Becher Sahnejoghurt
½ Eßl. gehackte Zwiebel

1 Prise Herbamare
1 Eßl. feingehacktes Cilantro (ind. Gewürz) oder glatte Petersilie
1 gestr. Teel. Kreuzkümmel (30 Sekunden lang ohne Fett auf kleiner Flamme rösten)

Gurke schälen und längs halbieren. Kerne mit einem Teelöffel ausschaben. Die Gurkenhälften in kleine Stücke schneiden und mit den Zwiebeln in einer Schüssel zu Brei zerdrücken. Mit Herbamare abschmekken. Tomate häuten und in kleine Würfel schneiden. Joghurt mit Kümmel, Cilantro (oder Petersilie) mischen. Alles zu den Gurken geben. Leicht mischen und eine halbe Stunde kalt stellen.

Hauptgericht:

FISCH

1 kleinen frischen Lachs (oder anderen Fisch)
1 Teel. gemahlener Fenchel

1 Zitrone
4 Eßl. Butter
1 Prise Herbamare

Den Fisch innen und außen säubern. Ein Backblech mit Alufolie belegen und den Platz für den Fisch mit zwei Löffeln Butter bestreichen. Die restliche Butter mit dem Fenchel vermischen und in Flöckchen im Bauch des Fisches verteilen. Mit Herbamare leicht würzen. Den Fisch auf die Alufolie legen, mit einem Stück Folie abdecken. Bei Mittelhitze backen. Nach 20 Minuten die Folie entfernen. Eventuell noch etwas Butter auf die Oberseite des Fisches geben. Weitergaren je nach Größe des Fisches (bis zu 40 Minuten insgesamt). Den Fisch auf einer Platte servieren, mit halbierter Zitrone beträufeln und mit dem gehackten Grün des Fenchels bestreuen.

Als Getränk empfiehlt sich biologischer Weiß- oder Rotwein, Cidre.

FENCHELGEMÜSE

6 mittelgroße Fenchelknollen
2 Brühwürfel, salzarm (Cenovis)
2 Eßl. Butter

Fenchelknollen der Länge nach in dicke Stifte schneiden. Das Grün bitte für den Fisch als Garnierung aufheben. Die Fenchelstifte in etwas Wasser mit den darin aufgelösten Brühwürfeln in einem Stahltopf auf kleiner Flamme gardünsten. In der Butter schwenken und servieren.

SALAT

2 Händevoll Feldsalat
50 g Sauerampfer
1 Handvoll Sojasprossen

50 g Champignons
Olivenöl, Zitronensaft, Petersilie
1 Knoblauchzehe
Sojasoße

Den grünen Salat waschen und putzen. In einer Salatschleuder trocknen. Die Sojasprossen in einem Sieb abspülen und mit Küchenpapier trockentupfen. Die Champignons waschen, putzen und in Scheiben schneiden. In einer Schüssel 4 Teile Olivenöl, 1 ½ Teile Zitronensaft, einige Spritzer Sojasoße, eine ausgepreßte Knoblauchzehe und die Petersilie (feingehackt) mischen. Zuerst die Champignons und dann den grünen Salat mit den Sojasprossen dazugeben. Zum Fisch servieren.

Dessert:

PAPAYAS

Zwei Papayas halbieren, die Kerne entfernen, eventuell mit etwas Zitronensaft beträufeln. Für die »Luxusversion« etwas Sekt in die Höhlung der Frucht gießen.

Ein Stärke-Menü

(Kohlehydrate)

Vorspeise:

KAROTTENSUPPE

1 Pfund Karotten
frischer oder getrockneter Estragon
2 Brühwürfel, salzarm (Cenovis)

Joghurt
1 Prise Herbamare
evtl. etwas Salz

Karotten putzen und kleinschneiden. In geschlossenem Stahltopf auf schwacher Flamme mit vier Tassen Wasser und zwei Brühwürfeln köcheln lassen, bis sie weich sind. Den Estragon dazugeben. Die weichen Karotten in eine feuerfeste Schüssel geben und mit einem Mixquirl sehr fein pürieren. Joghurt darunterziehen und eventuell noch etwas Sahne (geschlagen) in die Mitte der pürierten Masse geben. Nicht unterrühren. Mit ein paar Estragonblättern dekorieren.

Hauptgericht

KARTOFFELGERICHT

400 g weichkochende Kartoffeln
400 g Sellerieknollen
2 Brühwürfel, salzarm (Cenovis)

1 Prise Herbamare
etwas Sahne

Kartoffeln und Sellerie putzen, in kleine Stücke schneiden und knapp mit Wasser bedeckt garen. Pürieren wie bei der Suppe angegeben. Die Sahne darunterziehen, mit Herbamare abschmecken.

GURKENSALAT

1 große Salatgurke
1 Bund frischer Dill

Soße: Buttermilch mit Öl nach Ge-
schmack mischen

Die Gurke schälen, in feine Scheiben schneiden, salzen. Das Salz zieht das Wasser aus den Gurkenscheiben. Sie werden in einem Sieb kurz mit kaltem Wasser abgespült und in einem sauberen Küchenhandtuch ausgedrückt. Die Buttermilchsoße und den kleingeschnittenen Dill über die Gurkenscheiben verteilen und kurz durchheben.
Als Getränk eignet sich dazu am besten normales oder alkoholfreies Bier.

Dessert:

BANANENMIX

3 weiche Bananen
1 Sahnejoghurt

3 Teel. Rübensirup
3 Teel. Pinienkerne

Die Bananen in Scheiben schneiden und mit Sirup und Joghurt im Mixer pürieren. In Schälchen füllen und mit Pinienkernen garnieren.

Salate als Hauptmahlzeit

1 Kopf Romanasalat
1 Handvoll Brunnenkresse
1 reife Avocado
6 Walnußkerne, halbiert
6 Eßl. geröstete Kürbiskerne
1 Teel. Gomasio (Reformhaus)

6 eingelegte Artischockenherzen
200 g frische Champignons
frische Kräuter, verschiedene
Olivenöl (2 Teile)
Zitronensaft (1 Teil)
Herbamare

Salat und Kresse waschen, in der Salatschleuder trocknen. Öl, Zitronensaft, Herbamare in einer Schüssel mischen. Die Champignons putzen, waschen, in kleine Scheiben schneiden und in die Soße geben. Die Artischockenherzen kleinschneiden, in die Salatschüssel geben, unter die Pilze heben. Den Salat in Stücke reißen, zu Pilzen und Artischokken geben. Durchheben. Die Avocado halbieren, in dünne Sicheln schneiden und rund um den Schüsselrand auf den Salat garnieren. Walnüsse und Pinienkerne darüberstreuen. Eine Prise Gomasio über alles streuen.

Als Getränk: biologischer Wein, Cidre, Champagner oder Gemüsesaft. Außerdem: Mineralwasser mit Zitronenscheibe.

3 große, dunkle Karotten
1 mittelgroßer Apfel
2 Selleriestangen
6 Radieschen
¼ Tasse gehäutete Mandeln, gehackt
¼ Tasse Zitronensaft

½ Tasse Pflanzenol (am besten Distelöl)
2 Eßl. Honig
2 Eßl. Weizenkeime
1 Prise Meersalz

Alle Zutaten putzen, waschen und in gleich große Stücke schneiden oder raspeln. In einer Schüssel mischen. Die Sauce aus Zitronensaft, Öl, Honig in einer kleinen Schüssel rühren, mit Meersalz abschmekken. Zu den Gemüse- und Fruchtstücken in die Schüssel geben. Durchheben. Kurz vorm Servieren die Weizenkeime darüberstreuen.

Als Getränk: frischer Saftmix aus Karotte, Apfel, Sellerie oder Mineralwasser mit Zitronenscheiben.

1 große Sellerieknolle	*Für die Soße:*
1 große Karotte	*3 Teel. Vitam R (Reformhaus)*
1 mittelgroßer Apfel	*½ Teel. gemahlener Curry*
10 Walnußkerne, halbiert	*2 Vollmilchjoghurt*
1 Handvoll Brunnenkresse	*etwas Sojasoße*
	2 Eßl. Olivenöl
	2 Eßl. Zitronensaft

Die Sellerieknolle putzen, in dünne Stifte schneiden, in wenig Wasser dünsten. Die Karotte putzen und grob schnetzeln. Den Apfel ungeschält in kleine Scheiben schneiden. Die Walnüsse in kleine Stücke brechen. Die Zutaten für die Soße cremig rühren. Bis auf die Nüsse alles in eine große Schüssel geben, vorsichtig durchheben. Vorm Servieren die Nüsse darüberstreuen.

Als Getränk: Buttermilch, Kefir, Mineralwasser mit Zitronenscheiben.

1 Pfund frische Erdbeeren	*3 reife Kiwis*
6 Pfirsiche	*2 Tassen Erdbeerjoghurt (aus dem*
1 halbe Ananas	*Reformhaus)*
150 g Himbeeren	

Ananas schälen, Pfirsiche häuten, Erdbeeren und Himbeeren waschen. Zuerst die in kleine Stücke geschnittenen Pfirsiche und Ananas in eine große Schüssel geben. Darüber die halbierten Erdbeeren und die ganzen Himbeeren. Die Kiwis schälen und mit einer Gabel zu Brei zerdrücken. Über die Früchte gießen. Den Joghurt cremig rühren und über den Fruchtsalat geben. Nicht durchheben.

Nichts dazu trinken.

»Sauer macht lustig«
Säuren und Basen

Wer sagt, ich bin sauer, weiß oft nicht, wie recht er hat. Und nicht weniger recht hat, wer sagt: »Sauer macht lustig.« Wie kann aber sauer lustig machen, wenn man dann sauer ist? Weil sauer nicht sauer, sondern basisch macht und vielmehr Süßes sauer macht! Wie Sie merken, ist es gar nicht so leicht, zu verstehen, was es mit dem Säure-Basen-Gleichgewicht auf sich hat. Dabei ist das richtige Säure-Basen-Verhältnis für viele namhafte Ernährungsforscher ein Bewahrer der Gesundheit schlechthin. Damit natürlich auch ein Bewahrer der Schönheit. Jeder hat an sich selber schon Zeichen der Übersäuerung gefühlt, gesehen oder gerochen. Riechen tut man es allerdings zumeist nur bei anderen, bei einem selbst versagt die Nase oft gnädig ihre Dienste. Der scharfe Mundgeruch bei einer Person, die eine reine Eiweißabmagerungsdiät macht, demonstriert die Übersäuerung für alle, nur nicht für den Betroffenen. Gliederschmerzen oder einfach »schlecht drauf sein« sind sehr oft ein Zeichen für Übersäuerung.

Der berüchtigte Kater nach Alkoholgenuß ist zum Beispiel teilweise auch eine Übersäuerungserscheinung. Meiner Erfahrung nach sind ein oder zwei gedämpfte Kartoffeln und ein Multivitaminpräparat, noch nachts oder am nächsten Morgen eingenommen, ein wirksameres Mittel gegen den Kater als die noch weiter versäuernden Tabletten.

Die Definition der verschiedenen Säurewirkungen ist schwer, weil Säuren für sich letztendlich sehr viele verschiedene chemische Reaktionen und Wirkungen beschreiben. Es gibt ja nicht einmal annähernd so viele Worte, wie es Dinge auf dieser Welt gibt, und deswegen einigt man sich einfachheitshalber auf einen Begriff als gemeinsamen Nenner. So fallen unter den Begriff Säure sowohl die Aminosäuren als auch die Blausäure, obwohl die Aminosäuren gleichzeitig Bausteine des Lebens genannt werden und Blausäure definitiv das Gegenteil ist. Am leichtesten ist das Ganze als ein endloser Stoffwechselprozeß zu verstehen. Nicht was der Körper aufnimmt, sondern was durch seinen Stoffwechselprozeß ausgelöst wird, entscheidet in diesem Fall, was sauer ist oder was sauer wird und was nicht. Beim Stoffwechselprozeß entstehen Reste, und die werden entweder als sauer, als basisch oder als neutral bezeichnet. Jede Nahrung wird vom Körper aufgespalten, der ihm nützliche Teil verwertet und das Zuviel wird, wenn unbrauchbar, möglichst rasch wieder ausgeschieden. Wie der Körper nützliche Stoffe lagert, so muß er aber auch die schädlichen Stoffe lagern, wenn kein Begleitstoff zum Abtransport vorhanden ist. Ist das Säure-Basen-Verhältnis im Körper ausgeglichen, das heißt etwa 20 % Säuren zu 80 % Basen, dann werden die Säuren in Begleitung von Basen aus dem Körper herausbefördert. Sind jedoch nicht genug Basen vorhanden, so muß der Körper die Säuren lagern.

Man unterteilt in diesem Sinn Nahrung in drei Hauptgruppen: Säurespender und -bildner, Basenspender und -bildner und Nahrung, die im Gleichgewicht der beiden als neutral gilt. Sind mehr der Speisen eher sauer, so werden diese Säuren gelagert, und zwar in Gelenken, Gewebe, Knochen, Organen und Knorpeln.

Die Übersäuerung ist also ein Stoffwechselleiden. Folgende Krankheitsbilder können die Folge sein: Migräne, Blähungen, Akne, Zucker, Rheuma, Zahnfäule und Nierenleiden. Viele Ernährungswissenschaftler nennen die Übersäuerung als Hauptursache für fast alle Gesundheitsstörungen. Doch Entsäuerung findet nicht nur durch den Abtransport mit Basen statt, sondern auch durch Schwitzen, was erklärt, warum man nach Gymnastik und Bewegung rosig aussieht und sich auch rosig fühlt.

Ich habe mit mehreren Frauen den Effekt basenbildender Mahlzeiten am Abend auf das Aussehen und Befinden am nächsten Morgen getestet. *Jede* von ihnen sah am nächsten Morgen klar und nicht verquollen aus, mit strahlenden Augen und überhaupt schön. Selbst wenn sie vor dem Schlafengehen noch ein Gläschen Wein getrunken hatten.

Die verschiedenen Säuregruppen

Die wichtigsten Säuren zum Körperaufbau sind die Aminosäuren. Sie werden aus tierischem und pflanzlichem Eiweiß vom Körper gebildet. Mineralsäuren sind eine weitere Säuregruppe. Schwefelsäure, Salpetersäure, Phosphorsäure gehören dazu. Die Säuren, die der Körper nicht braucht, also die überschüssigen Säuren, kann er, wie gesagt, nur in Verbindung mit basischen Stoffen wie zum Beispiel Kalium, Magnesium, Kalzium aus dem Körper schaffen.

Organische Säuren

Sie fallen zwar auch unter den Begriff Säuren, lösen im Körper aber ganz andere Prozesse aus. Zu diesen Säuren gehören zum Beispiel Milchsäure und Fruchtsäure. Obwohl sie auf der Zunge säuerlich schmecken, werden sie durch einen Wandlungsprozeß im Körper zu Basenträgern, das heißt, sie können die Säuren auffangen und, was überflüssig ist, aus dem Körper mitnehmen. Bei einem chinesischen Gericht wie Huhn mit Mandeln und Ananas ist das Säure-Basen-Verhältnis optimal gegeben. Huhn – Säure, also Eiweiß-Aufbaustoff, säureschaffend; Ananas – basenbildend, obwohl es säuerlich schmeckt; und Mandeln – basisch.

Auf den ersten Blick scheinen auch Fleisch, Kartoffeln und Salat eine ideale Kombination im Säure-Basen-Verhältnis zu sein. Leider stimmt das nicht. Um alles scheinbar noch komplizierter zu machen, ist der gemeinsame Verzehr von konzentriertem Eiweiß und konzentrierter Stärke erst recht versäuernd, weil diese Speisen zusammen nicht richtig verdaut werden können. Erinnern Sie sich an das Kapitel »Trennkost«! Das hört sich alles etwas kompliziert an und ist es anfänglich vielleicht auch. Hat man sich jedoch erst einmal an die neuen Ernährungsrichtlinien gewöhnt, so ergeben sich aber auch neue, interessante Speisekombinationen und außerdem eine optimale Verwertung der Speisen. Man muß weniger essen und ißt auch weniger, weil der Körper schneller satt wird, weil er leichter die Nährstoffe bekommt, die er braucht. Für das, was Sie künftig sparen, kaufen Sie sich ein Kleid, ein Bild oder machen eine Reise.

Seit unsere Nahrungsmittel raffiniert werden, gibt es auch das, was man Basenräuber nennt. Das sind jene Speisen, die nicht mehr »ganz« sind und die, um wieder »ganz« zu werden, sich die dafür notwendigen Stoffe aus den Reserven des Körpers holen. Wenn man zum Beispiel weißen, raffinierten Zucker ißt, so braucht der Körper für die biochemische Verwertung etliche Nährstoffe, um den Zucker unschädlich zu machen. (Genaueres im Kapitel »Weiß – süß – ungesund«.) So schafft der Zucker, obwohl er süß ist, nicht nur im Mund, wo er den Zahnschmelz angreift, ein saures Klima, sondern im ganzen Körper. Was für

102

weißen Zucker gilt, stimmt auch für weißes Mehl. Bei der Kombination weißer Zucker und weißes Mehl ist der Körper nun vollkommen versauert.

Dritter im Bunde der Basenräuber sind raffinierte Öle und Fette in flüssiger und gehärteter Form. Sie sind ein Teil dessen, was ständig und dauernd gegessen wird und leider von vielen auch als Grundnahrungsmittel angesehen wird. Ein ständiger Basenraub im Körper ist die Folge, der Abtransport der Säuren funktioniert nicht mehr richtig.

Bis man sich auf eine Kost umgestellt hat, deren Verhältnis von Säuren und Basen stimmt, kann man sich mit einem Präparat aus dem Reformhaus behelfen, das den Körper bei der Entsäuerung unterstützt. Auch ich habe in letzter Zeit entdeckt, wie phantastisch und vielseitig es wirkt. Es heißt Basica, ist ein Granulat und schmeckt ein bißchen wie Sand, der allerdings schmilzt. Basica ist ein basisches Mineralstoffpräparat.

Es ergänzt ideal die »normale«, meist versäuernde Nahrung mit lebensnotwendigen Mineralstoffen und vermindert so Übersäuerung und Schlackenbildung. Es enthält alle wesentlichen Bioelemente in dem Mengenverhältnis, wie es in Früchten und Gemüsen, die auf gesundem Boden gewachsen sind, enthalten ist. Meine überraschendste Erfahrung mit dem Präparat war, daß sich meine Haut klärte. Ich bin eine richtige Kaffeetante und habe mich von zehn Tassen am Tag auf eine oder zwei heruntergedrückt. Ich hatte festgestellt, daß meine Haut bei höherem Kaffeekonsum sofort fleckig wird, vor allem um den Mund herum. Seit ich Basica nehme, ist das nicht mehr der Fall. Es gibt aber noch eine ganze Reihe anderer Mineralstoffpräparate, die entsäuern. Erkundigen Sie sich einfach in der Apotheke oder im Reformhaus.

Basenspender
Die wichtigsten Basenspender und -bildner sind: Obst und frisch
gepreßte Obstsäfe, Kartoffeln, Kastanien, Feigen, Aprikosen,
Joghurt, Rahm, Gemüsebouillon, Eigelb, Gewürzkräuter, Blatt-
gemüse, Wurzelgemüse, Gemüsefrüchte und Stangengemüse au-
ßer Spargel, Sellerie, Gurken, Bohnenkresse, Salat, Pfirsiche.
Ananas, Bananen, Wassermelonen, Hirse, alle Nüsse bis auf
Erdnüsse, Grapefruit, Äpfel, Johannisbeeren.

Säurespender und -bildner sind:
Fleisch, Fische, Geflügel, Leber, Nieren, Hirn, Eier – speziell
Eiweiß –, Käse – die milderen Sorten weniger als die scharfen –,
Hülsenfrüchte, Linsen, weiße Bohnen, Spargel, Artischocken,
Rosenkohl und Erdnüsse.

Basenräuber sind:
Weißer Zucker, weißes Mehl, Weißmehlprodukte, Weißbrot,
Zwieback, Feingebäck, weiße Teigwaren, Weizengries, Öle und
Fette, Genußmittel, schwarzer Tee, schwarzer Bohnenkaffee,
Schokolade, Alkohol, Fleischbrühe.

Basenüberschüssige Zusatznahrung und Basenspender sind:
Basenmischungen: Flügge, Nimbalsit, Basica; weiterhin Mandel-
püree, Hefetabletten, Biostrath, Molat, Energan, Floradix und
Gemüsesäfte.

Das Schweinefleischverbot

> Dem Reinen ist alles rein,
> dem Schwein ist alles Schwein.

Als Kind lebte ich mit meinen Eltern in einer Wohnung auf dem Lande über einer Metzgerei und Schlachterei. Wie alle Kinder faszinierte mich der Tod und das Töten. Wie sich ein lebendiges Wesen von einer Sekunde zur anderen in etwas verwandeln kann, das wie ein abgelegtes Kleidungsstück daliegt, war mir vollkommen unverständlich. Das Verhalten der Tiere, wenn sie aus dem Lastwagen geholt wurden, hat mich so angezogen, daß ich schließlich auch sehen wollte, wie sie sterben. Zwei- oder dreimal hatte ich beobachtet, wie ein Kalb oder ein Huhn getötet wurde. Dann, eines Tages in einem Sommer, war ein schreckliches Geschrei im Hof. Ich lief schnell die Treppe hinunter, es war eine Sau. Es dauerte unendlich lange, bis das riesige Tier vom Auto herunter und in den Schlachtwagen gezerrt und geschoben war. Wie die Male zuvor sprang ich auf eine Bank und stellte mich auf die Zehenspitzen, um die Schlachtung durch ein kleines, vergittertes Fenster zu beobachten. Durch die Stäbe des Gitterfensters konnte ich nur noch Fragmente des Schweines sehen, und plötzlich verwandelte sich diese Sau für mich in einen Menschen, und das Geschrei war auf einmal Menschengeschrei. Die Male zuvor hatte ein dumpfes Geräusch den plötzlichen, lautlosen Tod der Tiere verursacht, doch diesmal war alles anders. Die Sau wehrte sich. Der erste Bolzenschuß mißlang, und die blutende Sau quietschte nicht, sondern schrie genau wie ein Mensch. Die Sau wälzte sich in dem gekachelten Raum in ihrem eigenen Blut und wehrte sich so heftig, daß die Männer sie kaum bändigen konnten. Ich bin natürlich weggelaufen und dachte die ganze Zeit, sie hat es gewußt, sie hat es von Anfang an gewußt.

Ich will jetzt nicht den Eindruck erwecken, daß mich das Blut oder der Tod so erschreckt hatten, aber daß die Sau vielleicht wie ein Mensch Vorahnungen gehabt hatte, erschütterte mich. Vielleicht ist diese Geschichte ein Grund dafür, daß ich in meinem Leben so gut wie nie Schweinefleisch gegessen habe. Damals dachte ich mir, ein Tier, das so viel Angst hat, kann nicht gut zu essen sein. Später, während meiner Beschäftigung mit Ernährungsfragen, bin ich immer wieder Ärzten begegnet, die kategorisch sagten, kein Schweinefleisch bitte. Warum, hat mich anfangs wenig interessiert, da ich es ja sowieso nicht aß. Zu der Zeit meiner Symbioselenkung habe ich mich dann gründlicher mit diesem Schweinefleischverbot auseinandergesetzt.

Es gibt ja auch das religiöse Schweinefleischverbot. Die Gläubigen, mit denen ich darüber sprach, konnten allerdings keine konkreteren Gründe angeben als: Das Schwein ist unrein. Sehr viel konkreter ist da der Bericht des Arztes Dr. Reckeweg, der, von vielen Beobachtungen dazu angeregt, ein Buch mit dem Titel »Schweinefleisch und Gesundheit« geschrieben hat. Fairerweise ist in diesem Buch nicht nur seine Sicht und die von ähnlich denkenden Kollegen wiedergegeben, sondern auch eine Gegenmeinung. Interessant aber ist, daß sogar der Vertreter dieser Gegenposition zugibt, daß ein Schwein, das mit Antibiotika und Zusätzen gefüttert und falsch gehalten wird, als nicht gesund, also als krankmachend, anzusehen ist.

Bevor ich weiter auf die Beobachtungen von Dr. Reckeweg

eingehe, möchte ich noch einmal an meine Schweinefleischgeschichte anknüpfen. Als Kind habe ich Schweinefleisch gemieden, weil das Tier so unsäglich Angst hatte und so lange und intensiv leiden mußte. Jahre danach jedoch entdeckte ich Fakten, die meine damalige Überlegung bestätigten: Das Schwein ist ein intelligentes Tier.

Eine Freundin von mir, die auf einer amerikanischen Schweinefarm aufwuchs, hatte ein Lieblingsschwein, das auf ihr Fingerschnippen das Kringelschwänzchen gerade stellte. So gesehen ist Schweinefleischessen wie Hundefleischessen. Aufgrund seiner Intelligenz merkt das Schwein mehr, und das macht es auch körperlich empfindlicher. Damit es nicht so »empfindlich« ist, bekommt es Medikamente, unter anderem auch Betablocker, ein starkes Herzmittel. Wenn wir diese Herzmittel durch das Kotelett zu uns nehmen, ist das nicht nur überflüssig, sondern auch gefährlich. Weiterhin wird das Schwein auch noch mit Antibiotika vollgestopft gegen die vielen Krankheiten, die es befallen können. Die Auswirkung von Antibiotika auf unser mikroökologisches Gleichgewicht habe ich bereits ausführlich beschrieben. Eine Freundin von mir bestätigt, daß sie nach dem Genuß von Schweinefleisch Rheumaschmerzen bekam. Ein Journalist, mit dem ich vor kurzem gesprochen habe, erklärte mir, daß er von Schweinefleisch Akne bekommt. Ich selber habe, nachdem ich in einem Käsesoufflé zu spät Schinkenstücke entdeckte, Pickel und Bauchschmerzen bekommen.

Als ich vor zwölf Jahren nach einem längeren Aufenthalt in Indien wieder nach Hause flog und in Frankfurt landete, vermittelte sich mir der Eindruck »gute Landung im Schweineland«. Sicher war es auch Zufall, aber plötzlich stand ich mitten in einem Strom von fetten, rosigen, quietschenden Schweinchen mit Koffern. Fast alle Inder, nicht nur die Armen, waren schlank, anmutig und konturiert gewesen, vor allem die Frauen. Die Ähnlichkeit mit Schweinen bei Schweinefleischessern kommt laut einer Studie nicht von ungefähr. Dr. Reckeweg zitiert Professor Lettré, einen Pathologen aus Heidelberg. In Tierversuchen wurde nachgewiesen, daß Spaltprodukte der Gewebe nach Aufnahme in die Organe dorthin wandern, wo sie biologisch hingehören. Die Ähnlichkeit zwischen dem Schwein und dem Menschen ist so groß, daß man früher, im Mittelalter, als die Sektion von Menschen verboten war, wegen der Ähnlichkeit Schweine verwendet hat. Im Film werden für Hautschnitte Teile des Schweines verwendet. Kürzlich habe ich so etwas selber miterlebt. Wir konnten es dann nicht verwenden, weil es zu echt aussah und allen schlecht wurde, als der Hals aufgeschnitten wurde und das Blut herauskam. Für Dr. Reckeweg ist das Schwein das negative Abbild des Menschen. Kannibalen sollen erklärt haben, daß Menschenfleisch wie Schweinefleisch schmeckt.

Die Ähnlichkeit ist groß, sie ist so groß, daß der Schweinebauch bei dem, der ihn ißt, zum eigenen Bauch geht; der Schinken zum Schenkel usw. Egal, wie das hiesige Schweinefleisch zubereitet ist, es ist auf jeden Fall nicht gesund. Die feiste, rosige Erscheinung mancher Menschen ist eine Scheingesundheit. Ein Bild der Üppigkeit, das sich in Notzeiten geprägt hat und täuscht. Hier einige Gründe, warum das Schweinefleisch homotoxologisch ist.

1. Schweinefett ist mit Cholesterin verbunden, das fördert Hochdruck und Arteriosklerose.

2. Schweinefleisch ist histaminhaltig, das erzeugt Juckreiz, verschlimmert Herpes, Dermatitis und führt zu Furunkeln und Karbunkeln.

3. Schweinefleisch enthält Wachstumshormone, sie fördern Entzündungs- und Wachstumswucherungen, Dickenwachstum.

4. Schweinefleisch enthält schwefelreiche Schleimsubstanzen, das führt zu Einlagerungen von Schleimsubstanzen in Sehnen, Bändern und Knorpel. Die Folge sind Rheuma, Arthritis und Arthrosen.

5. In Schweinelungen übersommert der Grippevirus.

Ein Bericht aus dem Zweiten Weltkrieg, sozusagen ein unfreiwilliges Experiment, bestätigt den Zusammenhang von Schweinefleisch und Geschwüren. Während Generalfeldmarschall Rommels Nordafrika-Feldzug erkrankten Soldaten an der sogenannten »tropischen Ulzera« (Unterschenkelgeschwüre). Die Soldaten wurden kampfunfähig und mußten ins Lazarett. Nachdem alle Behandlungsmethoden erfolglos waren, kam man auf die Idee, daß die Geschwüre ihre Ursache in der Ernährung haben könnten. Die Einwohner des Landes litten nämlich nicht an diesen Krankheitserscheinungen. Die Heeresverpflegung wurde auf islamische, das heißt auf schweinefleischfreie Kost umgestellt, womit das Problem der tropischen Geschwüre schlagartig aufhörte.
Ein weiterer Schluß auf die durch Schweinefleisch verursachten Krankheiten ließ sich durch Vergleich des allgemeinen Gesundheitszustandes der Bevölkerung während und nach dem Krieg ziehen. In den mageren Jahren, während und nach dem Krieg, waren die Deutschen praktisch gesund. Es gab wenig Schweinefleisch oder überhaupt kein Fleisch, wenig Fett, Zucker, Kaffee, Zigaretten usw. Kartoffeln, Rüben und Brot waren die Hauptnahrungsmittel. In dieser Zeit ver-

schwanden folgende Erkrankungen fast völlig: Rheuma, Blut-hochdruck, Blinddarmentzündung, akute Hautalterung, Ver-kalkung und Herzinfarkt.

1948, als Schweinefleisch, Schinken und Speck wieder zu ha-ben waren, änderte sich das Bild schlagartig. Blinddarment-zündung, akute Hautalterungen, Furunkulosen, Schweißdrü-senabszesse waren wieder häufige Krankheiten.

Doch es gibt Metzgereien, in denen schweinefrei gearbeitet wird, in türkischen Läden gibt es zum Beispiel schweine-fleischfreie Würste. Demeter macht eine Rindersalami. Am billigsten ist allerdings die türkische Wurst.

Abschließend noch etwas zum Schweinchenthema, das für viele sicherlich zu weit geht: Durch das Essen von Nahrungs-mitteln ißt man auch deren Geninformation mit. Praktisch gesehen heißt das, man ißt den Charakter und die Eigenart der verzehrten Nahrung. Es ist bekannt, daß Kopfjäger ihre Feinde verspeisten, um deren Kraft zu bekommen. Man mag über die Annahme, daß man mit dem Verspeisen eines ande-ren auch dessen Wesen ißt, lächeln. Doch gibt es in der Natur viele ähnlich geartete Beispiele. Wenn Kartoffeln gepflanzt und mit natürlichem Dünger aus vermoderten Kartoffeln ge-düngt werden, so bringt die Geninformation des Düngers die Art der neuen Kartoffel hervor, falls die Geninformation der eingegrabenen Kartoffel die schwächere ist. Denn in jeder Zelle ist die Geninformation der ganzen Art gespeichert. Der Gedanke, daß man sich durch zu viel Schwein essen in ein Schwein verwandelt, wird für viele zu weit gehen. Ich habe auch gar nichts gegen Schweine, ich will bloß keines werden.

Weiß – süß – ungesund
Weißer Zucker und weißes Mehl

Warum wird der Konsum von weißem Zucker von allen Ernährungswissenschaftlern kategorisch abgelehnt, während das ganze Volk scheinbar danach lechzt und sich eine Riesenindustrie mit der Herstellung von Zuckerwerk reich verdient. Kann etwas, das so viele lieben, wirklich schlecht sein? Weißer Zucker ist eine funkelnde Kristallmasse, die ein Bedürfnis konzentriert und schnell befriedigt. Die biochemische Reaktion des Körpers ist, wenn auch in weitaus geringeren Maßen, der von anderen weißen, funkelnden Kristallen wie Heroin und Kokain ausgelösten nicht unähnlich. Hier dürfte ein Schrei der Empörung der Zuckerindustrie fällig sein; aber ich habe ja gesagt, in weitaus geringeren Maßen. Dennoch, einer kurzen beglückenden Hochstimmung folgt ein nicht minder intensives Tief, das den Wunsch nach dem nächsten Hoch nur noch drängender werden läßt. Und so entsteht Sucht.

Historisch gesehen hat alles, was sich mit der Farbe Weiß verbindet, eine enge Assoziation zu reich und rein. Angefangen hat es mit den Adeligen, die nicht nur die schönen Künste erblühen ließen, sondern leider auch das Essen »raffiniert« und verfeinert haben und somit weiß und hell werden ließen. Interessant, daß sich die Assoziation von weiß gleich fein, edel und gesund beim

Essen schneller wieder abbaut als zum Beispiel bei der Wäsche oder Watte. Weiß verführt, weil es Reinheit vorspiegelt. Sicher spielt dabei eine Rolle, daß Schmutz und Flecken auf Weiß sofort zu erkennen sind.

In der Natur aber gibt es dieses »Reinweiß« nicht oder nur selten, und schon gar nicht beim Essen. Dort ist das Gegenteil, nämlich die Farbe, ein Zeichen der Qualität. Je dunkler, kräftiger, um so höher ist der Nährstoffgehalt. Weißen Kuchen zu backen ist für viele ein Zeichen des Guten und Schönen; Vollkorn hingegen signalisiert das Grobe gleich Arme.

Bevor ich auf die gesundheitlichen Auswirkungen von raffinierten Süßigkeiten eingehe, möchte ich auf eine Studie hinweisen, die nicht von Gesundheitsaposteln, sondern in einem Gefängnis gemacht worden ist. In dem *American Journal of Clinical Nutrition* wurde über die Twinkie-Theorie der Gewalttaten berichtet. (Twinkie ist ein weißes Zucker- und Mehlprodukt, mit dem sich amerikanische Kinder auf dem Schulhof ernähren.) Die Zwei-Jahres-Studie mit 276 jugendlichen Gesetzesbrechern wurde im Tide Water Detention Center, einem Gefängnis, durchgeführt und brachte folgendes Ergebnis: Aggressives Verhalten reduzierte sich um 48 Prozent, als man die Getränkeautomaten (mit zuckerhaltigen Getränken) aus dem Gefängnishof entfernte und weißer Zucker mit Honig in Snacks und Nachspeisen ersetzt wurde! Weitere Studien haben gezeigt, daß in Ländern, deren Süßigkeiten hoch besteuert werden, die Kriminalitätsrate niedriger ist. Man nimmt an, daß der Zuckerkonsum den Vitamin-B-Spiegel senkt, der direkt auf die Funktion des Nervensystems wirkt. Eine Folge des B-Mangels sind Nervosität und Streß und damit eine erhöhte Bereitschaft zu Überreaktionen.

Da der Körper Zucker braucht, denken viele, Zucker ist gleich Zucker. Das stimmt aber nicht, denn es sind ja immer die Umwandlungsprozesse des Körpers, die entscheiden, was wohin kommt und wie. Der isolierte, raffinierte Zucker ist aller Begleitstoffe beraubt, die ihn für den Körper, außer als reinem Kalorienträger, brauchbar machen würden. Zur Verarbeitung des Zuckers im Körper ist eine Anzahl von Fermenten nötig, und die benötigten Mineralstoffe holt sich der Körper dort, wo sie gelagert sind, zum Beispiel aus den Knochen und den Zähnen. Kommt es schließlich zu einem Defizit, macht sich das nicht nur in einem fragilen Nervenkostüm, sondern auch als Übersäuerung und damit Prädisposition für etliche Krankheiten bemerkbar. Hinzu kommt das Problem der Hypoglykämie, auf das ich gleich näher eingehen möchte.

Mit der Verwertung von weißem Mehl hat der Körper dieselben Probleme. Auch hier wird industriell etwas getrennt, was in unendlich langer Zeit zusammengewachsen ist, und man vergißt, daß unser Körper sich symbiotisch mit und durch die Nahrung entwickelt hat. Die raffinierten weißen Mehle wirken ähnlich zerstörend wie weißer Zucker. Raffinierte und konzentrierte Mittel sind nur als gezielt wirkende Medikamente einzusetzen. Jeder weiß, wie wichtig und positiv Morphium bei gewissen Krankheitsverläufen wirkt. Doch deshalb würde doch niemand auf die Idee kommen, Morphium, Heroin und Kokain als Volksnahrungsmittel gelten zu lassen, nur weil es kurzfristig guttut und man sich nach der Einnahme auch kurzfristig gut fühlt. Natürlich ist die Wirkung von weißem Zucker nur in entferntester Weise diesem Phänomen ähnlich. Doch viele Ernährungsexperten halten weißen Zucker gerade deswegen für gefährlich, weil seine Auswirkungen subtiler sind und langfristiger und die Schäden nicht so schnell zu erkennen sind.

Gewiß wird das gelegentliche Essen von Eis, Schokolade und Kuchen niemandem schaden. Ein absolutes Nein zu allen »sündigen« Dingen wäre unsinnig. Die Spannung, die durch das generelle Verbot entsteht, löst bestimmt ganze Lawinen von unerwünschten Stoffwechselprozessen im Körper aus, die noch viel ungesünder sind als die gelegentliche Sünde. Nur, ständig etwas zu essen, was »sündig« ist, nimmt auch der Sünde den Reiz. Es wird zur Gewohnheit, zu einer schlechten Gewohnheit.

Das übermäßige Bedürfnis nach Zucker kann eventuell auch ein Zeichen für Hypoglykämie sein, was für die meisten Menschen im ersten Moment noch fremder als das sprichwörtliche böhmische Dorf klingt. Den Begriff Hypoglykämie kennt fast niemand, und doch hat jeder zumindest gelegentlich schon Anzeichen dieser Krankheit an sich verspürt. Hier eine Liste der Symptome, die Anzeichen für hypoglykämische Zustände sein können: Vergeßlichkeit, Heißhunger zwischen den Mahlzeiten, unkontrollierbares Gähnen, das Bedürfnis, tief einzuatmen, Hautsensationen, das Gefühl, verrückt zu werden, nicht klar denken zu können, Koordinationsmängel, sexuelle Unlust, Stimmungsschwankungen, unbegründete Ängste, Ohnmachtsanfälle, Lebensunlust, Schwächen, kalte Hände und Füße, Erstickungsanfälle, Taubheit, cholerische Anfälle, überhaupt schwankende Stimmungslagen. Hypoglykämie liegt zumeist dann vor, wenn diese Symptome nicht nur gelegentlich, sondern öfter und eventuell sogar gebündelt vorkommen. Die meisten Frauen haben diese Anzeichen vor der Periode, in der effektiv auch ein hypoglykämischer Zustand eintreten kann. Hypoglykämie ist ein Absinken des Blutzuckerspiegels, was nicht nur die genannten Symptome, sondern noch viel schlimmere verursachen kann. Paavo Ayrola, eine der größten Ernährungskapazitäten der Welt und ein Spezialist auf diesem Gebiet, schreibt in seinem Buch über Hypoglykämie, daß sogar Menschen, die als schizophren galten als Hypoglykämiker erkannt und geheilt wurden.

Auch diese Krankheit ist eine »Zivilisationskost-Erscheinung«. Ihr Name ist gebildet aus »hypo«, gleich niedrig, und »glyko«, gleich Zucker. Die Hypoglykämie wurde 1924 von Dr. Seale Harris entdeckt. Der Zustand wurde als Hyperinsulinismus bezeichnet. Man nahm an, daß das Insulin den Zucker verstärkt verbrannte und so ein Absinken des Blutzuckerspiegels verursachte. Bei Diabetes mellitus wird zuwenig Insulin produziert, und somit bleibt zuviel Zucker im Blutstrom (Hyperglykämie). Hyper, also hoch, also erhöhter Blutzucker. Anscheinend war ein hyperaktives Pankreas, das zuviel Insulin produziert, für das Problem der Hypoglykämie verantwortlich. Warum aber produziert das Pankreas, die Bauchspeicheldrüse, zuviel Insulin?

Zucker wirkt als Heiz- und Energiestoff und wird so vom Körper eingesetzt. Normalerweise stellt der Körper diesen Zucker aus kohlehydratreichen Nahrungsmitteln wie Getreide, Gemüse, Kartoffeln, Früchten und Bohnen her. Die Kohlehydratkomplexe werden zu kleinen Molekularstrukturen verändert und als Glykose durch die Darmwände aufgenommen. Dieser Zucker kommt in die Leber, wo er in Glykogen verwandelt wird und auf Verwendung wartet. Wenn dieser Zucker gebraucht wird – für Bewegung, Denken usw. –, wird das Glykogen wieder in Glykose zurückverwandelt und im Blut dorthin transportiert, wo es gebraucht wird. Der Unterschied dieses Zuckers zu dem, wie wir ihn kennen, besteht also darin, daß der erste in einem organischen Prozeß gespeichert wird, während der zweite sofort als Glykose den Organismus überschwemmt und Organe wie Pankreas, Leber und Adrenalindrüsen und endokrine Drüsen vollkommen überfordert. Eine verstörte Reaktion der Bauchspeicheldrüse kann dann die übermäßige Produktion des zuckerreduzierenden Insulin sein, obwohl vielleicht nur eine kleine Menge Zucker gegessen wurde. Das Resultat ist die Hypoglykämie.

Wenn die Bauchspeicheldrüse überaktiv ist, wird durch das Insulin der Blutzuckerspiegel so drastisch gesenkt, daß für die normalen Funktionen des Körpers nicht mehr genug Zucker vorhanden ist. Dann Zucker zu essen ist, obwohl natürlich gerade dazu die Lust am größten ist, falsch und verschlimmert die Situation noch, da sich die Bauchspeicheldrüse verpflichtet fühlt, immer mehr Insulin auszuschütten. Auch übermäßiger Streß, Alkohol-, Kaffee- oder Tabakgenuß können ähnliche Fehlreaktionen auslösen. Viele Menschen denken, sie essen keinen Zucker, weil sie ihren Kaffee oder Tee nicht süßen. Aber Zucker verbirgt sich in unglaublich vielen Produkten. Für den Hypoglykämiker ist aber auch die gesunde Form des Zuckers in getrockneten Früchten nicht zu empfehlen. Fruchtsäfte sind, selbst wenn sie nicht gezukkert sind, konzentrierte Zuckerträger und können eine Insulinflut auslösen. Man muß bedenken, daß Fruchtsäfte, auch Karottensäfte, im Verhältnis viel mehr Zucker enthalten als die Ursprungsfrüchte.

Um herauszufinden, ob man Hypoglykämiker ist, reicht ein einfacher Glykosetest; er wird GTT genannt, Glykose-Toleranz-Test. Sollte sich herausstellen, daß Sie Hypoglykämiker sind, kann ich Ihnen folgende diätetischen Richtlinien empfehlen. Sie haben sowohl mir als auch meiner Freundin mit großem Erfolg geholfen. In Amerika schwören Tausende darauf, es sind Richtlinien, die auch Paavo Ayrola empfiehlt.

Verbote

Weißer Zucker und alle damit hergestellten Waren.
Brauner Zucker und alle Alternativen (Melasse, Mapelsirup, Fruchtzucker). Lediglich ein Teelöffel Honig am Tag ist erlaubt.
Weißes Mehl und alle damit hergestellten Produkte (Nudeln, Kekse, Kuchen usw.)

116

Gezuckerte Getränke, auch mit Fruchtzucker hergestellte.
Koffein und koffeinhaltige Getränke.
Konzentrierte süße Frucht- und Gemüsegetränke.
Alkohol und Tabak.
Alle behandelten, denaturierten Speisen (Büchsen, gefrorene Mahlzeiten usw.)
Überhöhter tierischer Eiweißkonsum.

Empfehlungen
Essen Sie sechs kleine Mahlzeiten, über den Tag verteilt. Hauptgewicht der Nahrung:

1. Getreide, Nüsse, Kerne, Samen, Sprossen.
Zwei oder drei Suppenlöffel Nüsse, Mandeln, Sonnenblumenkerne, Kürbiskerne, Leinsamen oder Sesam täglich sind für den Hypoglykämiker deswegen so wichtig, weil in ihnen konzentrierte Nährstoffe sind und sie überall gegessen werden können.
Hirse ist die beste Getreideform. Leicht verdaulich, hat sie unendlich viele Vorzüge. Hirse ist auch weniger allergen, Weizen ist für viele ein Allergieauslöser. Niedriger Blutzucker und Allergien stehen ohnehin in engem Bezug zueinander. Nur für den Hypoglykämiker ist das Kochen von Getreiden empfehlenswert, sonst ist es roh vorzuziehen. Durch das Kochen verlängert sich der Verdauungsprozeß. Da das Problem des Hypoglykämikers darin besteht, daß jedes schnelle Ansteigen des Blutzuckerspiegels eine erhöhte Insulinausschüttung verursacht, ist es wichtig, daß der Blutzuckerspiegel möglichst ständig auf einem Niveau gehalten wird, um so Schwankungen zu vermeiden. Eine Schüssel gekochter Hirsebrei mit etwas Butter oder Sahne bleibt zum Beispiel etliche Stunden im Magen und entläßt langsam hochwertiges Eiweiß und aus Stärke gebildeten Zucker in den Blutstrom.

2. Gemüse.

Rohes Gemüse als Salat oder Crudités (fingerlange Gemüsestangen, die in eine Soße, natürlich zuckerfrei, getaucht werden können) mindestens einmal am Tag. Knoblauch und Zwiebeln enthalten spezielle zuckerregulierende Faktoren. Jedes Gemüse und jeder Salat bekommt durch Knoblauch etwas Biß. Um die Geruchsfahne zu mindern, ist ein Büschelchen roher Dill, langsam und gründlich gekaut, zu empfehlen. Avocado hat eine spezielle Stellung in der hypoglykämischen Nahrung. Avocado enthält eine besondere Zuckerart, den sieben Karbonzucker (Mannoheptulose), der keine Insulinproduktion verursacht, sondern sie im Gegenteil unterdrückt. Für den Diabetiker wäre es also das Falsche, für den Hypoglykämiker aber ideal. Avocado ist auch ein gutes Büro- und Unterwegsessen.

3. Früchte.

Zu bevorzugen sind säuerliche Früchte. Erdbeeren, Papaya, Johannisbeeren, Kirschen, Grapefruit und Ananas. Getrocknete Früchte nur, wenn sie lange eingeweicht sind und als Müslibestandteil verwendet werden. Es ist nicht so, daß man gar kein Obst essen darf, aber man sollte sich auf kleine Mengen beschränken. Fruchtzucker ist zu schnell assimilierbar. Da die Leber ein wichtiger Faktor des Blutzuckerkreislaufes ist, muß sie besonders gepflegt werden. Rote-Beete-Saft, in Abständen und in kleinen Mengen getrunken, hat ebenso wie Zitronensaft mit Wasser eine entgiftende Wirkung.

Haut und Ernährung

Sind die Augen der Spiegel der Seele, so ist die Haut der Spiegel der Gesundheit. Wie ein Barometer das Wetter anzeigt, so zeigt die Haut den Körperzustand an. Für eine anhaltende Veränderung zum Positiven der Haut muß von innen nach außen gearbeitet werden, und zwar zu 90 Prozent von innen und zu 10 Prozent von außen. Hautunreinheiten sind Körperunreinheiten und müssen ursächlich behoben werden. Während bei Falten und Flecken und Schlaffheit des Gewebes die Behandlung leicht auf einen Nenner zu bringen ist, gibt es bei anderen Hautproblemen Tausende von Ursachen. Mit etwas Disziplin und konsequenter Selbstbeobachtung wird es Ihnen aber möglich sein, selber die Ursache zu entdecken.

Ein Arzt, auch wenn er noch so phantastisch ist, hat leider nicht die Möglichkeit, Sie ständig zu beobachten. Die Beobachtung machen Sie selber, und dann gehen Sie zum Arzt und besprechen die Behandlungsmöglichkeiten mit ihm.

Ich selbst habe auf sehr ungewöhnliche Art und Weise die Ursache von einer zyklisch erscheinenden Sommer-Akne entdeckt. Heute sind für mich Schokolade, Vitamin-B12-Spritzen und parfümierte Kosmetik tabu, wenn ich nicht aussehen will wie ein Streuselkuchen. Also, vor Jahren bekam ich plötzlich jeden Sommer vom oberen Teil des Halses bis zum Dekolleté hin kleine rote Pickel (wie ein grausiges Kollier). Sie waren durch nichts zu erklären und somit nicht endgültig zum Verschwinden zu bringen. Cortison und Antibiotika waren die gewöhnlichen Lösungsvorschläge von Hautärzten, und unsäglich riechende Tinkturen von Heilpraktikern. Ich habe viele interessante Diäten ausprobiert, aber auch wenn die Pickel während dieser Zeit weggingen, so erschienen sie doch prompt nach Beendigung der Kur wieder. Der Zufall half mir, die Ursache meiner Akne herauszufinden. Eines Tages flog ich im Winter – also pickelfrei – nach Australien, und kurz vor der Landung wurde das ganze Flugzeug mit einem Insektenmittel ausgesprüht. Später im Flughafen ging ich auf die Toilette, um mir das Gesicht zu waschen, und sah im Spiegel, daß ich plötzlich wieder auf Hals und Dekolleté meine scheußlichen kleinen Sommerpickel hatte. Mein Entzücken war unendlich, und ich meine dies nicht ironisch. Ich fand es so großartig zu wissen, woher die Pickel kamen, daß es meinetwegen doppelt so viele hätten sein können. Seither weiß ich, daß das Essen von gesprühtem Obst bei mir sofort diese Pickel hervorruft, ja es genügt schon, daß ich in ein Zimmer gehe, das mit einem Insektenvertilgungsmittel ausgesprüht wurde.

In jedem Fall sind Pickel ein Zeichen dafür, daß der Stoffwechsel gestört ist und der Körper nicht anders damit fertig werden kann, als daß er sein Problem an die Hautoberfläche befördert. Selten hat Akne nur eine Ursache. So kann zum Beispiel auch eine Kombination von falschen Speisen und Aufregung Hautunreinheiten jeder Art hervorrufen. Oder eine Sache, die man immer vertragen hat, kann mit dem Einzug der Schwiegermutter plötzlich Pickel verursachen. Doch einen Hauptauslöser gibt es meistens, und den können nur Sie selbst herausfinden.

Zinkmangel ist zum Beispiel oft für eine verminderte Heilungsfähigkeit der Haut verantwortlich. In einem späteren Teil des Buches, »Schönheitsprobleme, ganzheitlich gelöst«, sind die möglichen Ursachen von Hautunreinheiten angegeben. Anders als bei der Behebung von Unreinheiten ist es mit der Ernährung der Haut. Die Nährstoffe gegen Alterserscheinungen und zum Schutz der Haut sind leichter bestimmbar. Obwohl Dosierungen den individuellen biochemischen Bedürfnissen angepaßt werden müssen, gibt es allgemeingültige Richtlinien.

Sonnenschutzmittel
Alle Hautärzte, einig wie die Fischer-Chöre, verkünden: Keine Sonne. Die Sonne ist zum Schutz der Haut zu meiden. Würde man sein Leben lang im Kleiderschrank bleiben, wäre man vielleicht glatt, aber sicher auch langweilig. Doch man braucht das Sonnenlicht, nicht nur, weil es angenehm ist, sondern auch, weil es für unendlich viele Lebensprozesse notwendig ist.
Ein Hautarzt aus dem Schwabinger Krankenhaus, den ich danach fragte, erklärte kategorisch, die einzige Creme, die er gegen das Altern der Haut empfehlen könne, sei ein Sonnenschutz. Und ich muß zugeben, er war trotz seiner grauen Haare in eine wunderschöne glatte und sehr weiße Haut gehüllt.

Mimikfalten
1968 lernte ich zwei Frauen kennen, Ulla Jones, eine wunderschöne und witzige Schwedin, und eine berühmte Friseuse aus Beverly Hills, deren Salon von den großen Stars bevölkert wurde. Sie war ganz hübsch und ständiger Mittelpunkt von Parties und Festen, da sie vor Leben sprühte, ständig Witze machte und Possen riß. Sie wiederum war mit Ulla und mir nur so weit befreundet, wie ihr Geltungsdrang das zuließ. Zehn Jahre später besuchte ich Ulla, und wir gingen wieder auf ein Fest, auf dem

auch diese Star-Friseuse erschien. Ich war wirklich erschrocken. Ich meine, keine von uns war jünger geworden, aber sie sah aus wie ein alter Indianer. Wie Sitting Bull ohne Friedenspfeife. Ulla sagte auf meinen ungläubigen Blick hin lakonisch: »That's what you get for being Miss Personality«. – »Das bekommt man davon, wenn man immer Fräulein Quietschfidel ist.«

Cocco Chanel hat einmal gesagt, ob eine Frau schön ist, kann man erst nach Vierzig sagen, denn dann kriegt sie das Gesicht, das sie verdient. Schön muß nach Vierzig nicht unbedingt heißen, glatt zu sein. Es hat vielmehr damit etwas zu tun, *wie* die Falten liegen. Die Mimik ist eine nichtverbale Kommunikation, und es lohnt sich bestimmt nicht, ohne Gesichtsausdruck durchs Leben zu gehen, nur um mit Fünfzig eine Falte weniger zu haben. Noch weniger aber lohnt es sich, in neurotischer Weise sein Gesicht zu verzerren, um seine Lebenslust zu beweisen, oder, wie eine Bekannte von mir, ständig zu lächeln, nur um die strahlenden Zähne zu zeigen. Fragen Sie mich nicht, wie sie aussieht, wenn sie nicht lächelt! Ein vor Faltenangst erstarrtes Gesicht ist keine Alternative. Am besten vergißt man sein Gesicht, während man redet, und denkt über das nach, was man sagt.

Schlaffalten

Kein Mensch könnte und würde sich bewußt so drücken, quetschen und in Falten legen, wie wir es in unseren unmöglichen Betten tun, während wir schlafen. Manch eine Frau, die sich eine teure Nachtcreme ins Gesicht schmiert, würde sich wundern, mit welcher Akribie sie die möglichen Effekte, während sie schläft, zunichte macht.

Meiner Meinung nach entstehen fünfzig Prozent oder mehr aller Falten durch unsere Art des Schlafens und Liegens. Beim Stillen von Allegra habe ich mir, vor lauter Entzücken, den Hals verrenkt. Danach wachte ich regelmäßig mit Migräne auf. Nachdem ich alles, was es an Rollen, Knochen und Spezialkissen gab, ausprobiert hatte, entschloß ich mich, mir selber ein Kissen für meine speziellen Bedürfnisse zu nähen. Migräne bekomme ich, seit ich das Kissen verwende, nicht mehr, außer ich vergesse es irgendwo. Ein Bonus des entspannten Liegens: Ich wache ohne nächtliche Quetschfalten und ohne die schon längst fälligen Halsfalten auf. Ich will hier nicht *mein* Kissen empfehlen, sondern Sie ermutigen, sich selber eins zu nähen oder eines zu suchen, das Ihren speziellen Schlafgewohnheiten entspricht und Ihren Nakken so anhebt, daß der Schlaf entspannt ist und Sie nicht wie ein kleines Tier in der Ecke wühlen müssen, um die richtige Position zu finden. Die richtige Schlafhaltung erspart Ihnen viele Cremes und Kopfschmerzen.

Die mechanische Behandlung der Haut und die Kosmetik
Wasser und Seife oder Lotion und Wasser sind für mich die besten Mittel zur Behandlung der Haut. Wasser reinigt und belebt. Gleichzeitig stimuliere ich mein Bindegewebe und die Akupunkturpunkte meines Gesichts. Die Entscheidung, welche Kosmetik man verwendet, ist auch eine moralische Entscheidung. Denken Sie an die Tierversuche. Auf jeden Fall ist wenig von einer guten Kosmetik effektiver als viel von einer schlechten. Was gut oder schlecht für Ihre Haut ist, müssen sie selber entscheiden. Für mich ist es eine möglichst hochwertige Kosmetik mit möglichst natürlichen Wirkstoffen. Möglichst wenig für die Werbung zahlen und nicht hoffen, daß die Creme Wunder vollbringt, sondern verstehen, daß sie nur *ein* Teil einer ganzheitlichen Behandlung sein kann.
Falten entstehen, wie man weiß, hauptsächlich durch die Sonne, und deswegen benutze ich grundsätzlich zum Schutz für mein

123

Gesicht ein Produkt, das Paba enthält. Ich trage zwar kein Make-up, dafür aber diese pabahaltige Schüttellotion. Wenn die Sonne im Frühjahr stärker wird und ich dann immer mit dem Fahrrad fahre – umweltschützend, wo es geht, außerdem gibt's keine Strafzettel – nehme ich eine Lotion aus der Apotheke oder dem Reformhaus, die einen hohen Sonnenschutz enthält, Solabar oder Börlind.

Meine Hände haben schon seit Jahren Falten und sehen aus wie ein ägyptischer Grabfund, weil ich zu spät angefangen habe, auch für sie Sonnenschutz zu benutzen. Außerdem hatte ich Scheu, so exzentrisch zu sein und Handschuhe zu tragen, wo es auch sonst niemand tat (schön doof). Für faltige Hände gibt es aber hervorragende Mittel, die die Trockenheit beheben. Wenn ich zum Beispiel die Wohnung putze, nehme ich eine gute Nährcreme, streiche sie mir auf die Hände und ziehe darüber ganz feine Gummihandschuhe. (Wegwerfhandschuhe *nicht* wegwerfen, sondern mehrmals benutzen.) Nach dem Putzen der Wohnung habe ich dann wunderbar glatte Hände. Collagencremes und -ampullen sind der letzte oder vorletzte Schrei auf dem Kosmetikmarkt. Wie weit die Wirkung dem Preis entspricht, sei hier dahingestellt. Collagen ist ein Bestandteil des Körpers und wirkt somit in erster Linie von innen. Die Collagenfasern nur von außen zu nähren ist etwa so vielversprechend wie der Versuch, einen einbetonierten Baum dadurch am Leben zu erhalten, daß man ihm die Blätter besprüht, anstatt ihm die Wurzeln zu gießen. Die Unfähigkeit der Haut, nach dreißig Jahren Lächeln immer wieder in die ursprüngliche Glätte zurückzuspringen, hat mit Elastizitätsverlust zu tun. Elastizitätsverlust der Haut bedeutet Veränderung ihrer Eiweißkörperstruktur. Der Alterungsprozeß ist ein Veränderungsprozeß. Es ist möglich, ihn hinauszuschieben, aber das Ende kommt auf jeden Fall, auch wenn man es theoretisch schaffen könnte, mit Hundert noch wie Dreißig auszusehen und sich auch so zu fühlen. Ich will damit sagen, daß auch das Jung-und-elastisch-sein-wollen in einem angemessenen Verhältnis zum Alter stehen muß. Vor die Wahl gestellt, sich jung zu fühlen und alt auszusehen oder umgekehrt, sollte jeder vernünftige Mensch das erste wählen. Die Wahl stellt sich aber nicht, denn mit der richtigen Ernährung und Behandlung der Haut ist beides zu haben.

Verantwortlich für das Hart- und Unelastischwerden der Haut ist die Quervernetzung. Vereinfacht ausgedrückt ist der Körper eine Masse von Zellen, die in einem gewissen Verhältnis zueinander stehen und dem Körper seine Form geben. Durch bestimmte Einflüsse entstehen Veränderungen. So verändert Sonne, die Oberfläche der Haut, sie wird braun und faltig. Schützt man die Haut mit einem starken Lichtschutzfaktor, so ist diese Veränderung, die unerwünschte Quervernetzung, weniger stark. Alter, brüchiger Gummi von Scheibenwischern, altes, hartes Brot, faltige Haut, das alles sind Zeichen von Quervernetzung, einer Veränderung der Struktur. So wie sich beim Erhitzen von Milch eine Haut bildet oder beim Brotbacken eine Kruste auf dem Teig, so verändern sich beim Menschen Strukturen der Haut und des Körpers.

Neben dem Schutz der Haut von außen gibt es eine Reihe von Mitteln, die von innen her die Haut erreichen und so in gewisser Weise »verjüngend« wirken. Eine braune Haut, für viele schön und begehrenswert, kann man auch durch Einnahme von Karotin bekommen. Und auf längere Sicht ist die schöne Karottenfarbe der glatten Haut bestimmt zuträglicher als das hautzerstörende Sonnenbad. Die Auffrischung des Körpers von außen und innen funktioniert über folgende Nährstoffe: Vitamin A, Vitamin B 1, Vitamin B 6, Vitamin E, das als Antioxydationsfaktor wirkt,

Vitamin C, das den Körper entbleit und zur Bildung neuer Collagenfasern benötigt wird. Zur Aufnahme von Vitamin C ist neben Vitamin B auch Zink nötig. L-Cystein ist eine schwefelhaltige Aminosäure, die nährt und gleichzeitig Schwermetalle bindet. Selen, Ananas, Papaya haben ebenfalls eine positive, erhaltende Wirkung.

Die Erschlaffung der Haut fördern: Schlaftabletten, Beruhigungsmittel, Diuretika, Alkohol, Nikotin, schwere Fettcremes, dick aufgetragen, fettiges Make-up, stark gesalzene Speise.
Hier noch zwei Mittel zur Nährung der Haut, die nichts kosten: Bewegung und frische Luft. Ohne diese zwei nützt die ganze Nährstoffpalette nichts.
Die Entgiftung und Entsäuerung des Körpers durch Bewegung und ihre kosmetische Wirkung sind mir zuerst beim Theaterspielen aufgefallen. Nach einer Theateraufführung, das heißt drei Stunden Rumtoben in stickiger Luft, sehen fast alle Schauspieler gut aus. Rosig und durchblutet, als hätten sie gerade einen langen Riviera-Urlaub hinter sich. Denn Bewegung entschlackt und verjüngt.

Das freie Radikal und seine Untaten

Die Nährstoffe gegen den Alterungsprozeß haben noch eine weitere Funktion, nach der man sie als »Jäger von Schadstoffen« bezeichnen könnte. Die Schadstoffe benennt man mit dem Begriff »freies Radikal«. Das freie Radikal ist ein von Dr. Harmann in den fünfziger Jahren zuerst entdecktes Phänomen. Er wird als Begründer der Theorie des »Alterns durch freie Radikale« angesehen.

Das freie Radikal ist ein Molekül mit außergewöhnlich großer Aktivität. Ihr Nutzen oder Schaden ist genau wie beim mikroökologischen Gleichgewicht und beim Säure-Basen-Verhältnis eine Frage des Gleichgewichts, das heißt des Verhältnisses des freien Radikals zu anderen Substanzen. Dieses Verhältnis, die Basis von Schönheit und Gesundheit, ist ganzheitlich gesehen etwa der Farbmasse vergleichbar, aus der venezianisches Papier, marmorisiertes Papier, entsteht. Die Farbkompositionen und Strukturen stehen in einem relativ berechenbaren Verhältnis zueinander. Die verschiedenen Zusätze werden in einem Topf angerührt, dann wird ein Papier daraufgelegt, und jedesmal entsteht ein einzigartiger Abdruck. Diesem Abdruck entspricht gewissermaßen der Gesundheits- und Schönheitszustand des menschlichen Körpers. Gehen wir einmal davon aus, daß das Radikal ein

Bestandteil dieser Farbmasse ist, sagen wir eine leichte, rote Ölfarbe. Stimmt das Verhältnis der Farben in unserem Topf, so ergeben sich mit dieser Farbe, dem Radikal, angenehme Muster. Geht sie aber eine unerwünschte Verbindung mit einer anderen, zum Beispiel blauen Ölfarbe ein, so kommt es zu einer häßlichen, unharmonischen Verbindung, die die Schönheit des ganzen Musters zerstört.

Das freie Radikal ist ein fester Bestandteil unseres Körperhaushalts und unserer Umwelt. Es wird auch durch Stoffwechselprozesse im Körper selbst und durch Strahleneinwirkung frei. Durch seine Aktivitäten entstehen Schäden, die zu Krankheiten und Alterungserscheinungen führen können.

Eine gesunde Ernährung aber kann uns vor diesen Folgen schützen, indem sie das freie Radikal auffängt wie Löschpapier Tinte. Die Zerstörung der verschiedenen Körper- und Hautstrukturen durch das Radikal zeigt sich als Collagen- und Elastinveränderung, als Genveränderung, als Zusammenbruch großer Kohlehydratmoleküle, als Ansammlung von Altersflecken, als Störung der Schmiersubstanz, die die Gelenke geschmeidig hält. Das freie Radikal ist, wie gesagt, ein Bestandteil vieler Stoffwechselvorgänge. Alle sauerstoffabhängigen Organismen haben Mechanismen entwickelt, das Radikal in Schach zu halten. Die dunkle Haut der Afrikaner ist zum Beispiel eine Schutzvorkehrung gegen seine nachteiligen Wirkungen.

Gelegentlich gibt es genetisch bedingte Enzymmängel, die den Körper daran hindern, mit den Radikalen fertigzuwerden. Diese Krankheit heißt Progeria; sie verschnellert den Alterungsprozeß so stark, daß ein Kind mit neun Jahren schon aussehen kann wie ein achtzigjähriger Greis. Ein amerikanischer Arzt, Dr. Armstrong, hat diese Krankheit erfolgreich mit dem Enzym Meerrettichperoxydase behandelt, das, wie der Name verrät, aus Meerrettich gewonnen wird. Der von ihm behandelte kleine Patient hat seinen Bruder, der mit acht Jahren starb, inzwischen um viele Jahre überlebt und zeigt weiterhin keine Symptome der Krankheit, obwohl am Anfang der Therapie alles auf eine Progeria hindeutete. Der Erfolg ist kein Zufall, denn unser Körper bekämpft die Radikale durch bestimmte Enzymabläufe und mit Antioxydationsstoffen wie die Vitamine A, C und E, Zink, Selen, Cytilion und L-Cystein.

Die extreme Aktivität des Radikals entsteht durch seine ungepaarten Elektronen. Es greift Moleküle und Zellwände an und kann Blutzellen zum Platzen bringen. Vitamin E ist nun ein Antioxydationsstoff, der die Membran der Blutzellen schützt. Ranziges Öl ist ebenfalls das Resultat einer chemischen Verbindung von Sauerstoff und Fett, die durch ein Radikal katalysiert wurde. Das ranzige (peroxydierte) Fett verändert seine biochemische Zusammensetzung. Es verwandelt sich in einen Stoff, der Malondehyd genannt wird. Dieser Stoff verursacht Mutationen und unerwünschte Quervernetzung; er oxydiert weiter und setzt so weiter freie Radikale in Umlauf.

In einer Umwelt, die eine sinnliche und intuitive Nahrungsauswahl ermöglicht, gibt es jene legendären Uraltmenschen, die nicht tatterig, sondern vital bis ans Ende ihres Lebens sind. Hunza oder Georgier sind oft fotografierte Beispiele für diese Vitalität bis ins hohe Alter. Auch wir müssen diese Harmonie wiederfinden. Religare, das Wort, aus dem sich Religion bildet, heißt Wiederverbinden. Die Medizin muß ihren Bezug zur Philosophie und Mystik wiederfinden und uns *wieder verbinden* mit dem ursprünglichen, intuitiven Wissen zur Umwelt.

Aber solange unsere Umwelt und Ernährung noch »krankmachend« ist, können wir uns mit Nährstoffen behelfen. Die Dosierung dieser Nährstoffe muß jedoch gewissenhaft sein. Da sie konzentriert sind, kann der Körper keine rechtzeitigen Stopp-Signale geben. Ein Beispiel ist der Karotinkonsum. Die Menge, die in einem Krug mit Karottensaft enthalten ist, würde ein Stopp-Signal des Körpers auslösen. In Tablettenform eingenommen, wird das Sättigungssignal des Körpers ausgeschaltet. Er ist nicht in der Lage, rechtzeitig auf die in Tabletten konzentrierten Nährstoffmengen zu reagieren. Die Dosierung konzentrierter Nährstoffe muß deshalb mit einem Arzt nach einer ausführlichen Analyse besprochen werden.

Auch Trägheit schafft den freien Radikalen ein ideales Angriffsfeld, da sie den Stoffwechsel ebenso negativ beeinflußt wie eine falsche Ernährungsweise. Ein richtig genährter und bewegter Körper kann die Untaten der freien Radikale mindern.

Ernährung und Befindlichkeit

Sollten Sie bezweifeln, daß Essen und Trinken unseren Gemütszustand beeinflussen, gehen Sie am besten einmal in München ins Hofbräuhaus. Dort kann man die Verwandlung genau beobachten. Jedoch nicht nur der Alkohol ist ein Stimmungsveränderer. Es gibt eine Menge weniger offensichtliche Reaktionen auf zahlreiche Nahrungsmittel. Verantwortlich dafür sind die *Neurotransmitter.*

Der Begriff Neurotransmitter klingt vielleicht wie der Name eines japanischen Kofferradios, er meint aber etwas anderes, in gewisser Weise durchaus Ähnliches. Neurotransmitter sind Nachrichtensender von einer Nervenzelle des Gehirns zur anderen.

Die Hirnforschung hat inzwischen bestätigt, was einige Ernährungsberater schon vor Jahren behauptet haben: Man beeinflußt Stimmungen, das Liebesleben, die Erinnerung, Konzentrationsfähigkeit und Schlafrhythmen mit seiner Ernährung. Mit spektakulärem Erfolg setzt man jetzt Vitamine, Minerale und Aminosäuren dort ein, wo früher Beruhigungstabletten ihre zweischneidige Wirkung taten.

Die Wirkungsweise der Neurotransmitter läßt sich mit einem Beispiel aus der Elektrizität beschreiben. Wenn Sie eine Lampe

131

anmachen wollen, müssen Sie den Stecker in die Steckdose stek-
ken. Beide Teile, Stecker und Steckdose, werden durch die Kontaktstifte miteinander verbunden. Befinden sich die beiden Kon-
taktstife nicht in der richtigen Position, kann der Strom nicht
fließen, und es gibt kein Licht oder nur einen Wackelkontakt. Die
Kontaktstifte sind vergleichbar mit der Funktion der Neurotransmitter. Sie enthalten und produzieren zwar keine Elektrizität, sind
aber Leiter bzw. Vermittler. Wie alles im Körper sind sie Wand-
lungen unterworfen. Man kann sie pflegen, vernachlässigen oder
sogar zerstören. Und viele Dinge, die wir tun oder zu uns nehmen,
haben auf unser Gehirn die Wirkung eines Hammerschlages.
Wenn Sie also das Gefühl haben, Ihre Konzentrationsstörungen,
Stimmungsschwankungen oder gar Depressionen gehörten eigentlich gar nicht zu Ihnen, daß sich unter einem vielleicht dump-
fen Körper ein waches, aber gefangenes Ich befindet, dann suchen
Sie einen Arzt auf, der statt Aufputschmittel und Psychopharmaka die richtigen Nährstoffe einzusetzen weiß. Denn auch hier gilt,
daß die Behandlung gezielt und richtig dosiert sein muß, das heißt,
sie *muß* mit einem Arzt ausgearbeitet werden. Das Maß der Dinge
entscheidet über Heil und Unheil. Die folgenden Informationen
über Nährstoffe, die sich auf den Geisteszustand auswirken, sollen
Ihnen ein Bild geben, wie effektiv diese Nährmittel eingesetzt
werden können.
Die meisten von uns haben bereits einmal eine Pille zur Änderung
des Gemütszustandes genommen oder gar verschrieben bekommen. Doch dauernd beruhigte und berauschte Menschen werden
zu Abhängigen. Mit dem Finger wird auf jugendliche Fixer gezeigt, während die Mutter oder der Vater in einem weniger
evidenten Rausch legal vor sich hindröhnen. Und selbst Kindern
werden heute schon »anregende« Medikamente gegeben, damit
sie in der Schule besser durchhalten.

Dabei muß das alles gar nicht sein. Ich kann mir vorstellen, daß es bald präzise, vom Computer ausgerechnete, persönliche Nahrungsprogramme gibt. Gewicht, Beruf, Umgebung, Anforderungen und Beschwerden werden eingegeben, und mit der Mineralstoffanalyse wird dann eine Ernährungsrichtlinie ausgerechnet, die für jeden auf seine speziellen Bedürfnisse zugeschnitten ist. Nährstoffe, die statt der geläufigen Psychopharmaka eingesetzt werden, sind natürlich in ihrer Wirkung ganz anders. Nährstoffe können zum Beispiel einer Frau niemals das Gefühl von, sagen wir mal, sanft rollenden Meereswellen vortäuschen, während in der Wohnküche ihr Kind schreit. Aber mit der Kraft, die die Nährstoffe geben, bringt sie das Kind vielleicht ans Meer, ins Schwimmbad oder an den Fluß und läßt es dort die richtigen Wellen anschauen. Ist das nicht ein lohnender Unterschied?!

L-Glutaminsäure

Es ist durch viele Experimente erwiesen, daß Glutaminsäure, eine nichtessentielle Aminosäure, Müdigkeit behebt, Geschwüre schneller abheilen läßt, Alkoholismus und die Gier nach Süßem mindert oder zum Verschwinden bringt.

Doch das Gehirn hat, wie die meisten Organe, einen Schutzmechanismus gegen das Eindringen vieler Stoffe. Und den meisten Aminosäuren fällt es schwer, diese Barriere zu überwinden, selbst wenn größere Mengen Glutamin gegessen werden. Das Problem war, einen Weg zu finden, über den die Glutaminsäure in das Gehirn geschleust werden konnte. Schließlich entdeckte man, daß bei einer anderen biochemischen Komposition, und zwar bei der L-Glutaminsäure, die Probleme nicht auftauchten. Eine ähnliche Nährfunktion wie Glutamin hat nur noch Zucker, das heißt Glykose, nicht zu verwechseln mit weißem Zucker. Die zweite Funktion der Glutaminsäure ist ihre Fähigkeit, Ammoniak aufzunehmen, was wiederum einen harmonisierenden Einfluß auf das Säure-Basen-Gleichgewicht hat.

Weitere Entdeckungen ergaben, daß Glutaminsäure Bakterien gegen Alkohol schützt. Wie schon im Kapitel »Mikroökologie, Darmflora, Symbioselenkung« erwähnt, sind Bakterien lebensnotwendige Gäste in unserem Körper. Nicht nur schützt L-Glutamin vor Alkoholschäden, ausgiebige Tests haben darüber hinaus gezeigt, daß es die Lust auf Alkohol mindert oder sogar ganz beseitigen kann. Ein Alkoholiker hörte auf zu trinken, als man ihm ohne sein Wissen L-Glutaminsäure verabreichte.

L-Tryptophan

ist der Stoff, aus dem der Körper Serotonin herstellt. Serotonin ist jener Neurotransmitter, der für Gefühle wie Zufriedenheit, Ruhe und Sicherheit verantwortlich ist. Wenn der Serotonin-Spiegel zu niedrig ist, wie es zum Beispiel bei Frauen vor der Menstruation oft der Fall ist, kommt es zu Koordinationsstörungen (Ungeschicktsein, Irritation, Depression und Fehlverhalten). Zusammen mit Tryptophan werden allerdings noch andere Nährstoffe zur Herstellung von Serotonin benötigt: Vitamin B 6, Folsäure, Zink und Magnesium, ferner auch Kalzium, das für sich schon eine beruhigende Wirkung hat. Tryptophan ist in Bananen, Milch, Joghurt, Avocados und vor allem in Truthahnfleisch enthalten. Das Glas Milch mit Honig ist daher auch ein wunderbares Schlafmittel ohne Nebenwirkungen.

Tryptophan wird aber nicht nur als beruhigendes Stärkungsmittel, sondern auch als schmerzlinderndes Mittel mit Erfolg getestet. Patienten mit chronischen Schmerzen, die in einer Klinik in Boston täglich vier Gramm Tryptophan erhielten, wurden zum erstenmal seit Jahren schmerzfrei. Sie hatten bereits erfolglose Behandlungen mit Schmerztabletten, elektrischer Nervstimulation und vieles andere hinter sich. Zu ihren Tryptophan-Behandlungen bekamen sie Kohlehydratmahlzeiten, die die Tryptophan-Behandlung anscheinend schneller wirken ließen. Einigen Patienten war schon nach vier Wochen geholfen.

Merkwürdigerweise jedoch blieb die positive Wirkung von Tryptophan bei Kopfschmerzen aus. Man versuchte es mit verschiedenen Diäten und einer gleichzeitigen Behandlung mit Tryptophan, aber auch das half nicht.

In Amerika gilt Tryptophan trotz dieser Erfolge als »Bauernmittel«. Der Grund liegt wohl darin, daß es nicht patentierbar ist, und so wird es auch von keiner Firma ausführlich getestet. Es würde sich nicht lohnen. Man tut die erwiesenen Erfolge mit dem Kommentar ab, daß Schmerz oft psychisch bedingt sei. Und die Beeinflussung der Psyche durch Beruhigungsmittel ist ja bekannt. Die Beruhigung der Psyche durch Tryptophan-Zufuhr in Form eines leckeren Truthahnes ist natürlich für die Pharmaindustrie auch nicht von Interesse! Dennoch gibt es, wenn sie auch kaum bekannt sind, einige L-Tryptophan-Präparate. Es sind *nichtsüchtigmachende* Beruhigungsmittel. Mit einem Arzt kann man besprechen, wie und wann die Verwendung angebracht ist.

Tyrosin
ist eine Aminosäure, aus der die Neurotransmitter Dopamin, Noradrenalin und Adrenalin entstehen. Sie sind sozusagen das notwendige Gegengewicht zum Serotonin. Im Gegensatz zu dessen Ruhewirkung sind sie für Aktivität und Aggression verantwortlich. Diese Gefühle sind nicht als negativ zu bewerten, was leider zu oft gemacht wird. Aggression ist ein wichtiger Bestandteil des Lebens, der für die Kreativität von entscheidender Bedeutung ist. Das Gefühl, Macht zu haben, schöpferisch zu sein, kann eine positive Sache sein. Das Gleichgewicht zwischen Sero-

tonin, Dopamin, Adrenalin und Noradrenalin ist biochemisch gesehen die Voraussetzung für einen in Ruhe schaffenden Menschen. Bei unverhältnismäßig aggressiven Menschen ist das Niveau von Noradrenalin niedrig und das von Dopamin hoch. Auch die Menge der Träume ist vom Noradrenalin abhängig, da es traumproduzierende Neuronen stimuliert. Tyrosin wird in Amerika bei der Behandlung von ehemals Kokainabhängigen verwendet.

Auch der Vitamingehalt des Körpers hat einen entscheidenden Einfluß auf das delikate Gleichgewicht des Stoffwechselprozesses im Gehirn. Zur Produktion von Noradrenalin wird zum Beispiel Vitamin C gebraucht, das ebenso bedeutend ist für die Produktion jener Hormone, die man zur Streßbewältigung benötigt. Rauchen jedoch vermindert den Vitamin-C-Gehalt im Blut. Wer raucht, ist gestreßt und streßt sich durch das Rauchen auch noch selbst. Und so ist es auch nicht verwunderlich, daß bei Rauchern – leider auch bei Frauen, die die Antibabypille nehmen – das Noradrenalin nur schwach gebildet wird.

Eine weitere verblüffende Erkenntnis beschreibt die Auswirkung von Bewegung auf unsere Befindlichkeit und auf die Bildung von Neurotransmittern. Depressionen und Angst lassen sich in manchen Fällen durch regelmäßiges Körpertraining einfach wegturnen. So ist auch der beruhigende Effekt mancher Schwerarbeit nicht nur der Müdigkeit, sondern einer Erhöhung des Serotonin-Spiegels zu danken. Jeder kennt dagegen die nervös machende Müdigkeit nach einer reinen Streßarbeit. Laufen, Tanzen, Turnen ist von den Anhängern dieses Zeitvertreibs also eine intuitive Handlung zur Erhöhung des Serotonin-Spiegels, ohne daß die meisten wissen, daß sie dabei nicht nur etwas für ihre Muskeln tun.

136

Inostol
wird in konzentrierter Form in Teilen des Gehirns vorgefunden.
Die beruhigende Wirkung ist bekannt. Menschen mit Ängsten ist
durch die Einnahme von Inostol geholfen worden.

Fette
Auch die Wirkung von essentiellen Fettsäuren auf die Gehirn-
funktion ist bekannt. Nüsse, Kerne, manche Gemüsesorten und
andere Nahrungsmittel werden im Körper in Prostaglandin um-
gewandelt. Eine Studie aus Montreal hat gezeigt, daß ein Mangel
an Prostaglandin E 1 eine wichtige Rolle bei der Auslösung von
Depressionen spielt. Bei einem erhöhten Gehalt dieses Stoffes
entstehen dagegen manische Zustände.

Alkohol
Leider schneidet der Alkohol auch in diesem Kapitel schlecht ab.
Würde man eine Liste der positiven und negativen Eigenschaften
von Alkohol erstellen, so gäbe es auf der positiven Seite nur zwei
zu nennen. Erstens kann er gut schmecken, und zweitens fühlt
man sich vorübergehend beschwingt, unter anderem weil der
Kreislauf kurz angeregt wird. Die negative Seite ist da schon viel
üppiger. Der Alkoholiker – das ist leider jeder, der regelmäßig
trinkt, man braucht nicht unbedingt deutlich sichtbar betrunken
sein – ist häufig depressiv, er verfügt über ungenügend Prostaglandin E 1. Um einen erhöhten Prostaglandin E 1-Spiegel zu erhalten, empfiehlt es sich, täglich eine gewisse Menge Sonnenblu-
men-, Sesam- oder Kürbiskerne zu essen. Nachtkerzenöl ist besonders hilfreich und schnell wirksam.
Alkohol bringt das Gleichgewicht der Neurotransmitter durch-
einander, wie man bei Betrunkenen sieht, und zerstört leider
auch unersetzbare Gehirnzellen. Den kurzfristigen Schwung,

den man durch Alkohol bekommt, ersetzt man besser durch einen langfristigen Schwung, den man durch eine gesunde Ernährung bekommt. Immer wach und lebendig zu sein wäre ein angenehmer Zustand. Man braucht auch keine Angst davor zu haben, immer glücklich zu sein. Studien haben gezeigt, daß viele Menschen Angst haben vor Glück und Erfolg. Aber wie der Berliner sagt, nichts als Kummer und Freude hat man selbst in einem vitalen Körper und mit einem wohlgenährten Hirn. Nur ist es dann sehr viel leichter, mit dem Kummer fertig zu werden.

Ernährung und Sexualität

Wenn sich Menschen verlieben, wird ein Hormon produziert, dessen Wirkung alle Anzeichen von dem zeigt, was man Irrsinn nennt. Pflastersteine mit Herzen vollmalen, angezogen ins Wasser springen, nackt auf dem Fenstersims Gedichte rezitieren, all dies gilt als »normal«, wenn man verliebt ist, und als »verrückt«, wenn nicht. Der freigesetzte Wirkungsstoff ist chemisch gesehen Aufputschmitteln ähnlich, und der Aufprall nach dem Höhenflug ist auch ähnlich hart.

Liebe ist sowohl Verursacher chemischer Abläufe als manchmal auch ihr Opfer, wenn die Chemie nicht mehr stimmt. Studien, die sich mit nächtlichen sexuellen Erregungszuständen beschäftigen, beweisen, wie wenig man über die sexuellen Mechanismen weiß. Weder der Inhalt der Träume sind für Erektion oder Befeuchtung der Sexualorgane verantwortlich, noch garantiert die nächtliche Potenz auch eine »wache« Leistung.

Die Auswirkung von Nährstoffen auf die Liebesfähigkeit ist jedoch bewiesen. Die Liebesfähigkeit läßt sich unterstützen, wenn der Geist willig ist, aber der Körper schwach. Angestrengt von Streß, unterernährt trotz vieler Kalorien, wird die Erleichterung der Spannung oder Einsamkeit in den Armen der oder des Geliebten oft ein Problem. Ein Mangel an Nährstoffen läßt selbst den willigsten Geist nicht körperlich werden. Die Spannung, die aus einer unerfüllten Liebe entsteht, ist für beide Teile frustrierend, und Frustration macht dann noch weiter krank, raubt noch mehr Nährstoffe.

Medikamente, die oft gegen ganz andere Beschwerden eingenommen werden, können sexuelle Impotenz und Unlust hervorrufen. Der Betroffene bringt die Einnahme der Medikamente oft nicht in Bezug zu seinem Unvermögen. Zum Beispiel gelten die folgenden Medikamente als lustmindernd.

1. Diuretika (Entwässerungstabletten)

Sie bewirken eine Senkung des Blutdrucks, die Flüssigkeit des Körpers wird reduziert. Betroffen sein kann dadurch natürlich auch der Genitalbereich, das heißt die Erektionsfähigkeit des Mannes und die Durchfeuchtung der Vagina.

2. Beruhigungstabletten

Es gibt zwar auch Menschen, die durch die Entspannung mehr Lust erfahren, bei den meisten jedoch verursacht eine Dauerbehandlung verminderte Potenz- oder Orgasmusfähigkeit.

3. Antidepressiva

Sie können im schlimmsten Fall völlige Impotenz zur Folge haben.

4. Schnupfen- und Allergiemittel

Mittel, die gegen Allergien wirken, vermindern die Reaktionsfähigkeit des Körpers auf Reize. Logischerweise nicht nur auf jene, die unerwünscht sind. Schnupfenpräparate wirken ähnlich. Bei einer Erkältung empfiehlt es sich daher, ein Mittel zur speziellen Behandlung der Atemwege zu nehmen anstelle eines, das alle Schleimhäute austrocknen läßt.

5. Schmerzmittel
Sie wirken dämpfend – auf alles.

Auch *Alkohol* zieht viele Nährstoffe aus dem Körper, auf die Dauer führt er, leider selbst mäßig, aber regelmäßig genossen, zu sexuellen Störungen.

In unserer Zeit ist der Rauschmittel- und Tablettenkonsum zu einer unbewußten tagtäglichen Sache geworden. Tag für Tag werden Hunderttausende Tabletten ohne Bedacht einfach eingenommen. Doch Tabletten, selbst wenn sie Nährstoffe enthalten, darf man nie unbewußt konsumieren. Sie verursachen Kettenreaktionen, und das Ende dieser Kette kann eine zerstörte Beziehung sein. Mangelnde sexuelle Zuwendung oder Lust wird von dem Partner immer als Ablehnung empfunden.

Dagegen galten gewisse Speisen schon immer als erotisierend. Oft ist es lediglich die Form, die eine Assoziation zur Sexualität aufkommen läßt, wie bei Spargel und Austern. Während der phallische Spargel jedoch lediglich zum Klo treibt, enthält die Auster tatsächlich eine ganze Reihe von Vitalstoffen, die auf die Sexualität wirken. Zum Beispiel *Zink*. Zink ist notwendig, um die Vagina feucht zu halten. Ohne diese Feuchtigkeit wird der Akt schmerzlich statt erfreulich. In den Gehirnregionen, verantwortlich für Emotion und Libido, wie auch im Auge befinden sich hohe Zinkanteile.

Doch durch den allgemein niedrigen Mineralgehalt unserer bläßlichen Früchte und Gemüse ist eine ausreichende Zinkzufuhr fast unmöglich. Leber, eigentlich neben Austern die reichste Zinkquelle, kommt zur Zeit als Nahrungsmittel kaum in Frage, weil gerade die Leber die vielen Umweltgifte speichert. Cadmium usw. ißt man praktisch mit. Am sichersten ist es, einen Nährstoffzusatz zu sich zu nehmen.

Vitamin E gilt als das Sex-Vitamin schlechthin. Vitamin E ist ein Antioxydant. Es unterstützt den Sauerstofftransport des Blutes in die Geschlechtsteile, während es eine Oxydation des Gewebes verhindert. Vitamin E beeinflußt auch die Drüsen des Sexualbereiches. In Verbindung mit der Schilddrüse hat Vitamin E eine positive Wirkung auf die sexuelle Reaktionsbereitschaft.

Auch zur Linderung von Vaginitis (Scheidenentzündung) wird Vitamin E verwendet. Bei einem vermuteten Vitamin-E-Mangel empfiehlt es sich, einen Bluttest wie für die Mineralstoffanalyse machen zu lassen.

Vitamin C

Rauchen und die Antibabypille sind Vitamin-C-Räuber. Abgesehen von der Wichtigkeit des Vitamin C bei der Bildung von Collagen und als Infektionsschutz, hat sich in einer klinischen Studie erwiesen, daß Vitamin C auch Fehlgeburten vorbeugt. Eine Verbindung von Vitamin C und erhöhter Orgasmusfähigkeit wird ebenso angenommen. Bis zu 1000 mg am Tag werden für die Erhaltung sexueller Vitalität empfohlen.

Vitamin A

Die Anzahl der Spermien erhöht sich mit ausreichendem Vitamin A im Körper des Mannes. Es ist eine Voraussetzung für die Herstellung aller Geschlechtshormone bei Frau und Mann. Es wird sogar behauptet, daß Vitamin A Hodenkrebs verhindern hilft.

Vitamin B und Libido

Eine unteraktive Schilddrüse braucht jeden Tag 150 mg Vitamin B 1. Selbst bei genügender Zufuhr des Vitamins können Kaffeekonsum, Alkohol und andere Faktoren den Vitaminspiegel senken. Eine schwach funktionierende Schilddrüse wirkt sich ebenso lustmindernd aus wie Adrenalinschwäche oder Erschöpfung. 100 mg Vitamin B Riboflavin, 200 mg Vitamin B Neazin und 500 mg Pantothensäure werden zur Stärkung empfohlen.

Phosphor
ist eines der Minerale, das in größten Mengen im Körper vorhanden ist. Die Beziehung zwischen Nährstoffen und Sexualität wurde beim Phosphor zuerst entdeckt. Europäer und Chinesen verwendeten es bei der Bereitung von Liebestränken und -speisen. Phosphor befindet sich in Curry, Chutney und anderen »scharfen« Sachen. Oft wirken diese »scharfen« Stoffe auch deshalb schärfend, weil sie eine Irritation der Schleimhaut hervorrufen. Fisch, Hummer, Eigelb und Trüffel enthalten ebenfalls Phosphor.
Phosphor ist zudem wichtig für die Energiegewinnung aus Glukose, die auch für die Muskelbewegung unentbehrlich ist. Der Energieverbrauch eines Orgasmus entspricht in etwa dem eines Waldlaufs. Gleichzeitig bringt der Liebesakt vieles in Schwung; er braucht also nicht nur Kraft, sondern gibt sie auch, wenn die Ernährungsvoraussetzungen stimmen.

Vitamine, Mineralstoffe, Aminosäuren und Fasern

Jeder weiß, man braucht Vitamine, aber leider wird die richtige Ernährung nicht in der Schule gelehrt, und deshalb weiß man eben nur, *daß* man sie braucht, aber nicht, worin sie enthalten sind, in welcher Form man sie aufnehmen soll und in welcher Zusammenstellung sie wirksam sind.

Keiner würde versuchen, ein Kleid zu nähen, ohne die mindeste Ahnung vom Zuschneiden oder dem Umgang mit Nadel und Faden zu haben. Beim Kochen ist Entsprechendes aber oft der Fall. Gewöhnlich beurteilt man das Essen danach, ob es einigermaßen geschmeckt hat und man satt geworden ist. Ob aber eine reale Sättigung des Nährstoffbedarfes des Körpers erfolgt ist, fragt man sich nicht. Verschiedene Faktoren können dafür verantwortlich sein, daß Ihr Körper, trotz ausreichender Vitaminzufuhr, kaum welche aufgenommen hat. Ein Mineralmangel entsteht zum Beispiel sehr oft durch eine falsche Zubereitung der Speisen oder als Folge einer gestörten Darmflora oder durch die Umweltgifte.

Es gibt zwei Arten von Vitaminmangel, den primären, verursacht durch mangelnde Vitaminzufuhr, und den sekundären, resultierend aus einer Störung der Aufnahme oder durch einen erhöhten Bedarf bei besonderen Anforderungen wie Streß, Krankheit usw. Eine mangelnde Abdeckung des Vitaminbedarfs ist der schleichende Wegbereiter für Krankheiten und frühes Altern. Um den täglichen Vitaminbedarf decken zu können, muß man ein paar Dinge wissen. Einmal, welche Nährstoffe in welcher Nahrung enthalten sind oder, vor allem, nicht enthalten sind. Zweitens, welche Zeichen des Körpers auf spezifische Mängel hinweisen. Und drittens reicht es nicht zu glauben, daß jedes Essen den Körper auch nährt. Denn unsere natürlichen Instinkte machen sich nur noch selten als Heißhunger bemerkbar. Die Nase als Wegzeiger für Anti- und Sympathien kommt bei uns doch meist zu kurz, oder duftet es etwa in Ihrem Supermarkt noch angenehm, und schnuppern Sie noch an Gemüse und Obst, bis Ihr Körper Ihnen sagt, worauf er Lust hat? Wo die Instinkte zu kurz kommen, muß der Verstand nachhelfen. Vor dem Essen und dem eigenen Körper nicht zu stehen wie der Ochs vorm Berg, das ist das Ziel des Ernährungswissens. Ich bin 90-Prozent-Vegetarierin, weil ich mich bei diesem Essen wohl fühle. Sollte ich aber einmal Heißhunger auf Leber bekommen, was mir gelegentlich vor der Periode passiert, dann rase ich ohne Gewissensbisse zum nächsten Türkenimbiß. Denn dort gibt es gegrillte Leber, und sie soll, soweit ich informiert bin, relativ chemiefrei sein. Der Vitamingehalt der Nahrung ist nie hundertprozentig meßbar. Als Maßstab lassen sich jedoch Geruch und Farbe nehmen. Eine reife, saftige, dunkle Aprikose mit starkem Geruch hat ohne Zweifel auch die meisten Nährstoffe.

Es gibt kaum jemanden, der einen Fehlkauf gemacht hat und später nicht denkt oder sagt: »Ich hab's gewußt.« Man hört oft nicht auf dieses Wissen, weil man Angst hat, zickig oder spinnös zu erscheinen. Ich möchte darauf hinweisen, daß die richtige Ernährung nicht schwer sein kann, wenn sogar ich, die ständig auf Reisen ist und in mehr oder weniger chaotischen Umständen lebt, dank ein bißchen Konsequenz wieder über eine Vitalität verfüge, die ich durch die schon erwähnte Schludrigkeit bereits verloren hatte. Gesund essen heißt einfach das Falsche wegzulassen und mit Lust und Geist das Richtige aussuchen. Die Maßstäbe für die Auswahl sind relativ leicht, und die Mühe, die eventuell doch nötig ist, lohnt sich.

1. Informieren Sie sich, wo es sauberes Fleisch gibt, das heißt Fleisch ohne chemische Rückstände wie Hormone und Antibiotika. Es gibt immer mehr Bauern, die ihre Höfe ökologisch bewirtschaften. Vergessen Sie nicht, Sie zahlen Steuern und haben das Recht, vom Staat zu verlangen, daß Ihr Essen so ist, daß Sie nicht krank davon werden. Erst wenn die Käufer sich weigern, rückstandsverseuchte Waren zu kaufen, wird sich die Qualität heben.
2. Organisieren Sie sich mit anderen, um sauberes Obst und Gemüse zu bekommen. Es gibt fast überall seriöse, alternative Geschäfte und auch Biobauern, die ins Haus liefern. (Keine Angst, Sie müssen keine Zottelhaare oder einen Parka tragen, nur weil Sie alternativ einkaufen.)
3. Fügen Sie Ihrem Salat statt Wurst Nüsse und Keime zu. Keime kann jeder zu Hause züchten. Sie wachsen von ganz allein und brauchen nur etwas Wasser und Licht. Dafür geben sie den Salaten einen echten Nährstoffzuwachs an Vitaminen und Mineralien.
4. Trinken Sie nicht regelmäßig Alkohol. Gelegentliches Auf-den-Putz-hauen ist für den Stoffwechsel sogar gut, doch jeden Tag Champagner trinken ist langweilig. Erfinden Sie neue Getränke ohne Alkohol. Zum Beispiel kalte Kräutertees mit Zitrone und Honig. Mixgetränke wie Frullato eignen sich auch als Zwischenmahlzeit. Frullato gibt es in Italien in allen guten

147

Bars, es wird folgendermaßen gemacht: Ganze Früchte, ein paar Eisstücke und (gelegentlich als Extra) Champagner in den Mixer geben und gut verrühren. Das ergibt ein sahniges Getränk ohne Sahne. Wir machen es zu Hause auch mit Cidre oder Joghurt. Manchmal, als Gemüsevariation, tun wir eine Gurke, etwas Tomate, Kresse, Joghurt und ein paar Gewürze hinein. Das sind starke Vitamin- und Enzymstöße, die einen den ganzen Tag in Schwung halten. Die Zubereitung geht schnell, und man kann ständig neue Kombinationen erfinden.

Vitamine

Vitamine sind lebensnotwendige Bestandteile der Nahrung und sind für einen gesunden Stoffwechsel von unersetzlichem Wert. Sie erfüllen ungefähr die Funktion der Sklaven beim Pyramidenbau. Die Steine sind sie, soweit man weiß, nicht, aber eben ihre Träger.

Vitamin A (Retinol)

Vitamin A ist ein fettlösliches Vitamin.
Funktion: Vitamin A ist als Schönheitsvitamin bekannt, es ist ein »Hautschmeichler«. Jede Hautschicht des Körpers braucht Vitamin A, die Schleimhäute, die Oberhaut, die Netzhaut, aber auch das übrige Auge, Zahnfleisch, Zähne und Haare. Durch Vitamin A wird das Sehpurpur gebildet. Es wirkt gegen Nachtblindheit. Fördert Wachstum und Vitalität. Hilft in der Ausschüttung von Verdauungssäften. Stabilisiert die Zellwände und schützt so vor frühen Alterungserscheinungen. Erhöht Infek-

tionsabwehr. Vitamin A wirkt auch auf die Sexualdrüsen. Es ist ein »Freies Radikal«-Fänger, verhindert Zellzerstörung, erhöht die Durchlässigkeit der Blutkapillaren und fördert so die Durchblutung.

Die Aufnahme wird gestört oder verhindert durch: Antivitamine, falsche Zubereitung (auch Verkochen), gestörte Darmflora, Fermentmangel, fettarmes Essen (zur Vitamin-A-Aufnahme braucht man Öl), Cortison, exzessiven Alkoholgenuß, Kaffee, Nikotin, Vitamin-D-Mangel, Mineralöleinnahme (auch über Kosmetik).

Mangelerscheinungen: rote Augen, verminderte Sehfähigkeit, Nachtblindheit, Infektanfälligkeit, vor allem der Atmungsorgane, Austrocknung der Bindehaut, Austrocknung der Schleimhäute, geschwüriger Zerfall der Augenhornhaut, Akne, Falten, lebloses Haar, unebenmäßige Nägel, verminderter Geruchssinn bis zum völligen Verlust, Schuppen, schuppige Haut, Erlöschen der Sexualfunktion.

Gefahr der Überdosierung: Ist bei Vitamin A möglich. Durch übermäßige Einnahme von Vitamin A in Tablettenform oder zuviel Karottensaft färbt sich die Haut gelb, und die Leber wird belastet.

Besonderheiten: Vitamin A ist empfindlich gegen Luft und Sonne.

Tägliche Mindestmenge: 0,9 mg (entspricht 1,8 mg Provitamin A).

Reichlich enthalten in: Petersilie, Spinat, Mangold (enthält viel Oxalsäure – Vorsicht bei schwachen Nieren), Aprikosen, Karotten (gedünstet und püriert ist optimal), Sanddorn, Käse, Milch, Papayas, Brunnenkresse, Leber, Sprossen.

Vitamin C (Ascorbinsäure)

Funktion: Wichtig für den Collagenaufbau. Wird zum Ablauf vieler Funktionen der Drüsen und Organe benötigt. Notwendig zur Gesunderhaltung der Zähne, des Zahnfleisches und der Knochen. Essentiell für richtige Funktionsfähigkeit der Schilddrüse. Fördert Heilungsprozesse, schützt vor Streß. Schützt vor schädlichen Umwelteinflüssen. Entgiftet. Heilende Wirkung auf viele entzündliche Krankheiten ist erwiesen. Steigert Aufnahmefähigkeit von Eisen bis zu 50 Prozent. Notwendig für die Elastizität des Gewebes. Mit Vitamin C erhöht sich der Sauerstoffgehalt des Blutes, und das wiederum entscheidet über die sauerstoffabhängige Collagensubstanz, somit über die Qualität und Elastizität der Haut. Es beeinflußt die Verwertbarkeit der Aminosäuren Tyrosin und Phenylanin und wirkt so auf die Neurotransmitter. Wirkt im Zusammenhang mit Folsäure als Faktor zur Reifung roter Blutzellen. Katalysator der Zellatmung. Hilft bei der »Entbleiung« des Körpers. Wirkt gegen Allergien und stärkt die Sehkraft.

Die Aufnahme wird gestört oder verhindert durch: Erhitzen der Nahrung, Einnahme von Östrogen. Rauchen erhöht den Vitamin-C-Bedarf, Aspirin erhöht die Ausscheidung.

Mangelerscheinungen: Zahnfleischerkrankungen, geringe Zellspannkraft, Schilddrüsenfunktionsstörungen, schlechte Wundheilung, schwache Blutkapillare (blaue Flecken), Störungen des Knochenwuchses und der Zahnbildung, gestörte Fähigkeit der Keimdrüsen, Geschlechtshormone herzustellen, Erschlaffung des Gewebes.

Gefahr der Überdosierung: Ist nicht gegeben, wird im Urin ausgeschieden.

Besonderheiten: Vitamin C ist hitze-, licht- und sauerstoffempfindlich.

Tägliche Mindestmenge: therapeutisch 40 bis 75 mg.
Reichlich enthalten in: allen frischen Früchten, Kartoffeln, Tomaten, grünem Paprika.

Vitamin E (Tocopherol/Alphatocopherol)

Funktion: Vitamin E ist ein starkes Antioxydant. Damit hat es grundlegende Einflüsse auf den Gesundheitszustand und das Aussehen. Es fördert einerseits die Sauerstoffzufuhr, die Durchblutung des ganzen Körpers, andererseits schützt es im Stoffwechsel leicht oxydierbare Stoffe vor einer verfrühten, unerwünschten Veränderung. Bewirkt durch Stimulierung des hypophysen Vorderlappens und der Nebennierenrinde eine Erhöhung des körpereigenen Hormonspiegels. Beeinflußt Bindegewebe und Muskulatur. Bewirkt eine erhöhte Durchblutung, dadurch fördert es die Neubildung von Zellen. Erhält das Empfindungsvermögen (Sensibilität).
Die Aufnahme wird gestört oder verhindert durch: Einnahme von anorganischem Eisen (stört Assimilation), Einnahme von Östrogen, Chlor und gechlortes Wasser, Mineralöl.
Mangelerscheinungen: sind in Europa unbekannt.
Gefahr der Überdosierung: Besteht nur im Krankheitsfall nach ausdrücklichem Hinweis Ihres Arztes.
Besonderheiten: Vitamin E ist licht- und sauerstoffempfindlich, hitzestabil.
Tägliche Mindestmenge: 12 mg.
Reichlich enthalten in: Pflanzenölen (Weizenkeimöl). Die Mindestmenge ist enthalten in: Eigelb von 4 Hühnereiern, 1 El Sonnenblumenöl, 1 El Maiskeimöl, ½ Tasse Keime (Weizen oder Roggen), ½ Tasse Sojamehl, 80 g Mandeln, 30 g (3 El) Leinsamen, 200 g (ca. 6 Stangen) Schwarzwurzeln gedünstet.

Vitamin D (Calciferol)

Funktion: Unterstützt die Assimilierung (Aufnahme) von Kalzium, Phosphor und anderen Mineralien. Wird zur Funktionsfähigkeit der Schilddrüse gebraucht. Wichtig für Knochenaufbau in der Kindheit. Wird vom Körper selbst aus Sonnenlicht hergestellt. Voraussetzung der Aufnahme ist, daß man sich weder vor noch nach der Bestrahlung wäscht. Zur Herstellung wird Fett benötigt. Vitamin D beugt mit Kalzium und Phosphor der Knochenerweichung und dem Knochenschwund vor. Wirkt heilend auf Ekzeme, Dermatosen, Psoriasis und Sklerodermie.

Die Aufnahme wird gestört oder verhindert durch: antikonvulsivische Mittel (Dilantin).

Mangelerscheinungen: Rachitis und Knochenerweichung, Knochenschwund, Muskelschwäche, allgemeine Schwäche.

Gefahr der Überdosierung: Ist gegeben, da es durch Sonnenlicht gebildet wird. Zusätzliche Einnahme nur im Winter zu empfehlen.

Besonderheiten: licht- und sauerstoffempfindlich.

Tägliche Mindestmenge: 2,5 μg (1 mg = 1000μg).

Reichlich enthalten in: Eigelb, Pilzen, Keimen verschiedener Art, Sonnenblumenkernen.

Die B-Vitamine (B-Komplex)

B 1 (Thiamin)
B 1 ist ein wasserlösliches Vitamin.

Funktion: Essentiell für Eiweiß-Protein-Aminosäuren-Stoffwechsel. Unerläßlich für das gesamte Nervensystem. Ein Fermentfaktor des Kohlehydrat- und Fettstoffwechsels. Schützt vor Wasserretention durch Funktionsunterstützung des Herzens.

Hat Einfluß auf Energiepegel und Stamina. Hilft gegen frühzeitige Alterungserscheinungen. Hat eine synergetische Beziehung zu den Hormonen der Nebenniere und des Nebennierenmarkes.

Die Aufnahme wird gestört oder verhindert durch: Alkoholkonsum, raffinierte Nahrungsmittel, Abführmittel, Entwässerungsmittel, gestörte Darmflora, Mangel anderer Nährstoffe, die im Zusammenhang wirken, hohen Zuckerkonsum, Schwefelung der Nahrungsmittel.

Mangelerscheinungen: Müdigkeit, Ödeme (Wasserretention), Übersäuerung mit allen Konsequenzen, Muskelschwäche durch schleppende Stoffwechselabläufe, Nervosität, Nervenschwäche (Überempfindlichkeit). Vermindert die Nährstoffversorgung zur Bildung von Neurotransmittern, geistige Unausgeglichenheit, durch Verschiebung des Basen-Säure-Gleichgewichts treten Hautstörungen als Sekundärfolge auf.

Gefahr der Überdosierung: Ist nur bei extrem hoher und langer Einnahme möglich.

Besonderheiten: Vitamin B 1 ist hitze- und sauerstoffempfindlich.

Tägliche Mindestmenge: 1,4 bis 1,6 mg.

Reichlich enthalten in: Bierhefe (10 g), Leber, Vollkornbrot, Weizenkeimen, Sonnenblumenkernen, grünem Gemüse.

B 2 (Riboflavin, Laktoflavin)

Funktion: Ist ein Ferment und Koenzym. Wirkt beim Stoffwechsel aller Nährstoffe mit. Beteiligt an der Bildung von Hämoglobin (Blutfarbstoff). Essentiell zur Bildung gesunder Nägel, von Haut und Haaren. Spielt im Zusammenhang mit Vitamin A bei der Schönheit und Gesundheit des Auges eine Rolle. Abbau von Histaminen.

Die Aufnahme wird gestört oder verhindert durch: Alkohol, gestörte Darmflora durch Einnahme von Sulfonamiden, Antibiotika und Tuberkostatika. Ausspülung durch Diuretika und Abführmittel. Die Antibabypille erhöht den Bedarf, ebenso das Rauchen.

Mangelerscheinungen: rote Augen, Lichtempfindlichkeit, Jukken der Augen, Entzündungen des Mundes, brennende Zunge, frühe Faltenbildung an Armen und im Gesicht, gespaltene Nägel, Alterserscheinungen wie »schwindende Oberlippe«, Anämie, Überempfindlichkeit, Rötungen der Haut, Schuppungen der Haut in den Augenwinkeln, Nasolabialfalten um den Mund.

Gefahr der Überdosierung: Besteht nicht, wird im Urin ausgeschieden.

Besonderheiten: Vitamin B 2 ist licht-, hitze- und sauerstoffempfindlich.

Tägliche Mindestmenge: 1,8 bis 2,0 mg

Reichlich enthalten in: Bierhefe (50 g), Huhn, Mandeln, Avocados, Leber, Nieren, Herz, Hirn.

Vitamin B 3 (Niacin, Niacinamid)
Funktion: Ist ein Kofaktor, Koenzym 1 und Koenzym 2 des Kohlehydrat-Fett-Eiweißhormon- und Mineralstoffwechsels. Bewirkt den Aufbau des Blutfarbstoffes, reguliert den Pigmentstoffwechsel auf Häminbasis. Ist ein Bestandteil des funktionsfähigen Verdauungstraktes.

Die Aufnahme wird gestört oder verhindert durch: weißen Zukker, gestörte Darmflora durch Einnahme von Sulfonamiden, Antibiotika, Verwertungsstörungen des Magens, Darmstörungen nach Operationen, Alkohol, Diuretika, Abführmittel, Antibabypille.

Mangelerscheinungen: Schuppung der Haut, Mundwinkelirritation, Nervosität, Vergeßlichkeit, Anämie, Depression, kalte Hände und Füße.

154

Gefahr der Überdosierung: keine.
Tägliche Mindestmenge: 9 bis 20 mg.
Reichlich enthalten in: Fisch (ca. 200 g von den meisten Fischen enthalten die tägliche Mindestmenge), Leber, Truthahnbrust, Herz, Kaninchen, Sardinen, Vollkorn, Hefe (25 g). Wird im Körper von Tryptophan gebildet.

B 6 (Pyridoxin, Pyridoxal, Pyridoxamin)
Funktion: Ein Kofaktor vieler Stoffwechselvorgänge. Ist ein wichtiger Faktor des Eiweißstoffwechsels, spielt eine Rolle bei der Umwandlung von Aminosäuren in Ketosäuren und umgekehrt. Essentiell für die DNA-Abläufe. Hilft gegen prämenstruelle Syndrome. Vitamin B 6 steuert und reguliert das Gleichgewicht von Sodium und Kalium, welches bei Wasserretention eine Rolle spielt. B 6 wird zur Herstellung von Hydrochloridsäure, die für die Verdauung gebraucht wird, benötigt. Wird zur Aufnahme von B 12 gebraucht.
Die Aufnahme wird gestört oder verhindert durch: gleich wie B 3. Corticosteroiden erhöhen den B 6-Bedarf.
Mangelerscheinungen: Zähne- und Zahnfleischerkrankungen, Anämie, Depressionen. Hautstörungen, Mundgeruch, Schlaflosigkeit, Schwindel, Wasserretention, Ekzeme, Störungen des zentralen Nervensystems. Atrophie verschiedener Organe. Durch die Wichtigkeit des B 6 beim Eiweißstoffwechsel verursacht ein Mangel Störungen der Revitalisierung des Körpers. Nicht nur Körper, sondern auch Gehirn sind B 6-abhängig. Jugendakne.
Gefahr der Überdosierung: Ist gegeben. In Studien hat sich gezeigt, daß es bei exzessiver Einnahme von B 6 zu schweren Störungen kommen kann.
Besonderheiten: lichtempfindlich, hitzestabil.

Tägliche Mindestmenge: 1,6 bis 2,0 mg.
Reichlich enthalten in: Hefe (15 g), Weizenkeimen (25 g), Leber, Bananen, Melasse, Eidotter, Sonnenblumenkernen, Milch, Geflügel.

B 12 (Cobalamin)

Funktion: Spielt vor allem bei der Bildung von roten Blutzellen eine wichtige Rolle. Auch ein wichtiger Faktor in der Bildung von Zellgewebe. Jedes gesunde Wachstum von Haut, Haaren, Schleimhäuten usw. ist B12-abhängig. Es wird für chemische Abläufe zum Aufbau des Zellkerns benötigt.

Die Aufnahme wird gestört oder verhindert durch: Die Aufnahme und Verwertung des B 12 ist kompliziert. Es kann mit Hilfe eines Stoffes, der Intrinsic factor genannt wird, aufgenommen werden. Wird durch die Schleimhaut des Darmes absorbiert. Fehlt dieser Intrinsic factor, dann kommt es zur perniziösen Anämie. Die Aufnahmestörungen sind gleich wie bei B 3.

Mangelerscheinungen: hellrote, brennende Zunge ist ein Zeichen von B-12-Mangel. Wachstumsstörungen, perniziöse Anämie, allgemeine Hautstörungen verschiedener Art, Degenerationserscheinungen des peripheren und zentralen Nervensystems.

Gefahr der Überdosierung: Einnahme nur nach Rücksprache mit Ihrem Arzt.

Besonderheiten: licht- und sauerstoffempfindlich, säureempfindlich, hitzeempfindlich.

Tägliche Mindestmenge: 3 bis 6 μg (1 mg = 1000 μg)

Reichlich enthalten in: Leber, Weizenkeimen, rohem Eigelb (Eiweiß roh zerstört das Vitamin), Milch, Milchprodukte, Fisch, Austern. 1 l Vollmilch enthält ca. 7 Mikrogramm.

Rutin (Vitamin P, Citrin, Hesperin): Wird zum C-Komplex gezählt, da es synergistisch, d.h. im Wechselspiel, dazu steht.

Funktion: Stärkt die Kapillarwände und beeinflußt die Durchlässigkeit glykolodial gelöster Substanzen. Wirkt dadurch hemmend auf Ödembildung (Wasseransammlung). Hat einen Antioxydationseffekt. Das Rutin wirkt vermutlich durch seine Schutzwirkung auf das Adrenalin, verhindert dessen vorzeitige Metabolisierung. Durch die synergistische Wirkung mit Vitamin C beteiligt sich das Rutin am Schutz der Haut und der Blutgefäße.

Wird zerstört durch: Erhitzen.

Mangelerscheinungen: Wasserretention, Hämorrhoiden, Zahnfleischbluten, geplatzte Äderchen (auch im Auge), Krampfadern, Purpura, (blaue und purpurfarbene Hautveränderung), Koronalthrombosen, verminderte Haut- und Gewebespannung (Schlaffheit).

Gefahr der Überdosierung: nicht gegeben.

Tägliche Mindestmenge: Ist noch nicht festgesetzt. Therapeutisch bis 200 mg.

Reichlich enthalten in: frischen Früchten und Gemüsen, grünem Paprika, Erdbeeren, Citrusfrüchten und Korinthen.

Vitamin F (Linolsäure usw.)
Diese essentiellen Fettsäuren werden auch als Vitagene begriffen.

Funktion: Regulierung des Fettstoffwechsels und Förderung des Wachstums. Essentiell für Drüsenfunktion, vor allem der Adrenalindrüsen. Behebt welke und trockene Zustände der Haut. Normalisiert Hautgewebe. Normalisiert Talgdrüsenfunktion. Fördert die Verfügbarkeit von Kalzium und Phosphor für Zellen. Ist für die Gesundheit von Haut und Schleimhäuten unerläßlich.

Wird zerstört durch: Oxydation.

Mangelerscheinungen: Hautstörungen, Blässe, Ekzeme, Akne, Trockenheit, Haarausfall, krankhafte Veränderung der Nieren und der Leber.

Tägliche Mindestmenge: noch nicht festgelegt. Anhaltspunkt: Fettzufuhr mit den essentiellen Fettsäuren sollte mindestens 1 Prozent des täglichen Kalorienbestandes ausmachen.

Reichlich enthalten in: unraffinierten Ölen, Sojaöl, Leinsamenöl, Distelöl, Sonnenblumenöl.

Biotin (Vitamin H)

Funktion: Ein Koenzym im Fermentsystem und ein Bestandteil wichtiger Stoffwechselvorgänge. Seine Wirkung spielt beim Reaktionsverlauf der Harnstoffsynthese, dem Aufbau des Purinkernes, beim Abbau der Kohlehydratzwischenstufen eine Rolle. Aktiv bei der Freisetzung von Aminosäuren. Ist am Stoffwechselablauf ungesättigter Fettsäuren beteiligt. Ein Kofaktor (mit Folsäure) bei der Bildung von Pantothensäure.

Die Aufnahme wird gestört oder verhindert durch: Biotin ist ein Vitamin, das von Bakterien im Darm für den Eigenbedarf gebildet wird. Durch die Einnahme von Antibiotika und Sulfonamiden wird die Darmflora gestört und damit auch die Biotinherstellung. Rohes Eiweiß hindert Biotinaufnahmefähigkeit.

Mangelerscheinungen: grau-fahle Verfärbung der Haut, schlechte Durchblutung der Schleimhäute. Degenerative Veränderung der Haare, trockene Haut, Blässe. Kalkproduktion geschwächt.

Besonderheiten: hitzestabil.

Tägliche Mindestmenge: unbekannt, vermutlich 75 bis 300 μg (1000 μg = 1 mg).

Reichlich enthalten in: Leber, Nieren, Melasse, Rosinen, rohem Eigelb, Hefe, Fisch, Trockenmilch.

Folsäure (Vitamin B 9)

Funktion: Als Kofaktor des B 12 essentiell für die Bildung von roten Blutkörperchen. Notwendig für die Bildung und Teilung aller Zellen. Beeinflußt die Verwertung des Tyrosins (Eiweißbaustein, Vorstufe des Melanin und Adrenalin) und der Glutaminsäure im Körper. Über Thymin greift Folsäure in den Aufbau der Zellkernsubstanz ein. Ist für den Aufbau von Haut und Haaren notwendig. Schützt vor Infektionen. Folsäure ist unentbehrlich für die gesunde Entwicklung der Organe. Ein unerläßlicher Aufbaustein des ganzen Körpers. Folsäure und Biotin sind Voraussetzungen für die Funktion der Pantothensäure.

Die Aufnahme wird gestört oder verhindert durch: Einnahme von Antibiotika, Barbitursäure, Sulfonamide. Bei B 12- und C-Mangel kann sich die Aktivität der Folsäure nicht voll entfalten. Pyramentamin, Dolatin, Piridon und die Antibabypille wirken sich negativ auf Folsäurefunktionen aus. Fortwährender Folsäuremangel wirkt sich auf die Geschlechtsorgane aus.

Mangelerscheinungen: Haarausfall, Anämie, Kreislaufstörungen, fahle Hautfarbe, Müdigkeit, Depressionen, Veränderungen der Darmschleimhaut und damit verminderte Nährstoffaufnahme. Wachstumsstörungen, Atrophie der Haut und der lymphatischen Organe. Schwangerschaftsbeschwerden.

Gefahr der Überdosierung: Ist gegeben.

Besonderheiten: sehr lichtempfindlich, sehr hohe Wasserlöslichkeit.

Tägliche Mindestmenge: 0,4 mg.

Reichlich enthalten in: dunkelgrünem Gemüse, Spargel, Bierhefe, Weizenkeimen.

Paba (Vitamin BX)

Funktion: Ein Wachstumsfaktor, stimuliert den Metabolismus.

Ein Partner der Folsäure bei vielen Vorgängen, speziell bei der Bildung des Haarfarbstoffes. Wichtig für Gesundheit (Schönheit) der Haut. Als Bestandteil einiger Sonnenschutzmittel wirksam gegen Schäden durch Sonnenstrahlen (Radikale).

Die Aufnahme wird gestört oder verhindert durch: angegriffene Darmflora und exzessiven Kaffeegenuß.

Mangelerscheinungen: Müdigkeit, Anämie, frühzeitiges Ergrauen der Haare.

Gefahr der Überdosierung: möglich.

Tägliche Mindestmenge: 30 mg.

Natürliche Vorkommen: Wird in der gesunden Darmflora von Bakterien gebildet. Bierhefe, Eier, Joghurt, Weizenkeime, Melasse und Leber.

Panthenol, Pantothensäure (ein Vitamin der B-Gruppe, auch Vitamin B 5 genannt)

Funktion: Ist für viele Stoffwechselvorgänge wichtig, erhält die Gewebefunktion des Organismus aufrecht. Notwendig zur Assimilation. Stimuliert Drüsenfunktionen. Schützt vor frühzeitigen Alterungserscheinungen, wichtig zum Aufbau und der Gesunderhaltung des zentralen Nervensystems. Durch seinen Einfluß auf schwefelhaltige Aminosäuren spielt es eine wichtige Rolle bei der Bildung des Keratin (Hornstoff) bei Haut und Nägeln. Entzündungshemmend. Pantothensäure hat im Wechselspiel mit anderen Nährstoffen große Bedeutung. Die Mangelerscheinungen sind deshalb äußerst folgenreich.

Die Aufnahme wird gestört oder verhindert durch: gestörte Darmflora.

Mangelerscheinungen: frühzeitiges Ergrauen der Haare. Gesteigerte Lichtempfindlichkeit, Depressionen, Verstopfungen,

Schlaflosigkeit, Muskelkrämpfe, Nervosität. Ein Zeichen sind brennende Füße, Ekzeme.

Gefahr der Überdosierung: nicht möglich, da es im Urin ausgeschieden wird.

Besonderheiten: Unempfindlichkeit gegen Licht und Sauerstoff.

Tägliche Mindestmenge: etwa 6 bis 8 mg.

Reichlich enthalten in: Bierhefe, Weizenkeimen, Gelee royal, dunkelgrünem Gemüse, Melasse, Leber, Eigelb.

Vitamin K (K 1 und K 2), Fruktion

Funktion: Ist mit der fermentativen Atmungskette verbunden. Wird im Dickdarm von Bakterien gebildet. Wichtig für Leberfunktionsabläufe. Spielt eine Rolle in den energieproduzierenden Aktivitäten der Zellen, speziell im Nervensystem. Spielt eine grundsätzliche Rolle bei der Blutgerinnung.

Die Aufnahme wird gestört oder verhindert durch: längere Einnahme von Sulfonamiden und Antibiotika, Luftverschmutzung, Aspirin, übermäßige Ernährung durch gefrorene Speisen, Mineralöl innerlich und äußerlich, ranzige Fette.

Mangelerscheinungen: verminderte Vitalität, Nasenbluten, innere Blutungen etc., schnelles Entstehen von Blutergüssen, Durchfall.

Gefahr der Überdosierung: Ist gegeben.

Besonderheiten: fettlöslich.

Tägliche Mindestmenge: nicht festgesetzt.

Reichlich enthalten in: Broccoli, Kartoffeln, Eiern, Milch, Joghurt.

Cholin und Inostol (ein Teil des B-Komplexes)

Funktion: Die wichtigste Funktion des Cholins besteht in dem Zusammenwirken mit dem Inostol als Teil des Lecithins und ist eine Voraussetzung des Fettstoffwechsels. Lecithin hilft bei der Auflösung und Verteilung der Fette und der fettlöslichen Vitamine. Nach neuesten Erkenntnissen spielt Cholin im Zusammenhang mit Cholesterin eine wichtige Rolle. Es bringt das Cholesterin in Bewegung, so daß es sich nicht festsetzt. Vermindert übermäßige Fettdepots in der Leber und den Arterien. Spielt eine Rolle als Gehirnnahrung.

Die Aufnahme wird gestört oder verhindert durch: Cholin kann vom Körper selbst hergestellt werden. Voraussetzung ist eine optimale Ernährung, genügend Vitamin B 6, B 12, Folsäure und Methionin, eine Aminosäure.

Mangelerscheinungen: hoher Blutdruck, Degenerationserscheinungen der Leber, Arteriosklerose, Nierenschäden, Glaukom, dicke, blutleere, teigige Haut im Gesicht, Haarverlust, Verstopfung, Ekzeme.

Gefahr der Überdosierung: Ist gegeben, mit Arzt absprechen.

Besonderheiten: wasserlöslich, Kochwasser nicht wegschütten, sondern weiterverarbeiten.

Tägliche Mindestmenge: 500 bis 1000 mg.

Reichlich enthalten in: Fisch, Leber, Herz, Lecithin, Weizenkeimen, Bierhefe, Haferflocken, Melasse.

Mineralstoffe

Kalzium

Funktion: Essentiell für alle Funktionen des Körpers. Für Knochenaufbau, Zahnbildung und Wachstum notwendig. Muskeltätigkeit (Herz) ist kalziumabhängig. Fördert Heilungsprozesse, schützt vor Allergien, bindet Umweltgifte, hilft Gleichgewicht von Natrium, Kalium und Magnesium herzustellen. Ist ein wichtiger Kofaktor vieler enzymabhängiger Prozesse. Unabkömmlich zur Verwertung von Phosphor, Vitamin D, A und C.

Die Aufnahme wird gestört oder verhindert durch: Spinat und Mangold, beides oxalsäurehaltige Nahrungsmittel, entziehen dem Körper Kalzium.

Mangelerscheinungen: Knochenschwund (speziell bei Frauen), Lockerung der Zähne, Infektanfälligkeit, Allergieanfälligkeit, Rastlosigkeit, Konzentrationsstörungen, Depressionen, Muskelkrämpfe.

Gefahr der Überdosierung: Überhöhte Einnahme von konzentrierten Nährstoffen kann Nieren belasten.

Tägliche Mindestmenge: 700 bis 800 mg.

Reichlich enthalten in: Milch, Käse, dunklem Gemüse (Löwenzahn, Brunnenkresse), Mandeln, Algen, Melasse, Hirse.

Phosphor

Ist ein Wirkstoffpartner des Kalziums. Hat Einfluß auf die Sexualität. Ein wichtiger Faktor bei der Kohlehydrate-Metabolisierung und dem Säure-Basen-Gleichgewicht. Ist Nerven- und Gehirnnahrung.

Die Aufnahme wird gestört oder verhindert durch: Spinat und Mangold. Ein Übermaß an Phosphor bringt auch Kalziummangel, da Phosphor und Kalzium in partnerschaftlichem Gleichgewicht stehen müssen.

Mangelerscheinungen: »Lustverlust«, Schwäche, Nervosität, alle mit Kalzium zusammenhängenden Mangelerscheinungen.

Gefahr der Überdosierung: möglich.

Tägliche Mindestmenge: 700 bis 800 mg.

Reichlich enthalten in: Hirn, Austern, Milchprodukten, Eigelb, Vollkorn, Weizenkeimen.

Magnesium

Funktion: Wichtiger Faktor für viele Enzymvorgänge, unterstützt die Verwertbarkeit von Vitamin B und E, Fetten, Kalzium und anderer Mineralien. Wichtig für den Muskeltonus, für gesunde Knochen und zur Eiweißsynthese. Voraussetzung für gesunde Herzfunktion. Mitregulator des Säure-Basen-Gleichgewichts. Ein natürliches Beruhigungsmittel. Spielt eine Rolle bei der Senkung des Cholesterinspiegels.

Die Aufnahme wird gestört oder verhindert durch: Antibiotika, Diuretika, Abführmittel. Weiterhin ist in Gemüse, das in Monokulturen gezüchtet wurde, kaum noch genug Magnesium vorhanden.

Mangelerscheinungen: Bei längerem Mangel entstehen Kalium- und Kalziumverluste. Dadurch bedingt können Nierensteine, Nervosität, Depressionen, unregelmäßiger Herzschlag, Krämpfe, Zittern, Schlaflosigkeit, verzögerte Heilung bei Knochenbrüchen und Lockerung der Zähne auftreten. Weitere Folgen sind durch die Störungen der Eiweißsynthese bedingt, wie zum Beispiel Faltenbildung.

Gefahr der Überdosierung: 30 000 mg täglich über längere Zeit können die Nieren überfordern.

Tägliche Mindestmenge: 300 bis 350 mg.

Reichlich enthalten in: Nüssen, rohem und gedünstetem dunklen Gemüse, Melasse, Meersalz, Meeresfrüchten, Trockenmilch.

Kalium (Potassium)

Funktion: Wichtiger Faktor des Säure-Basen-Gleichgewichtes als Basenträger. Essentiell bei Muskelfunktionsabläufen. Das betrifft vor allem das Herz. Fördert die Hormonausschüttung. Wichtig zur Unterstützung der Nierenfunktion. Stimuliert die endokrinen Drüsen, wichtig zur Gesunderhaltung des Nervensystems.

Die Aufnahme wird gestört oder verhindert durch: Entwässerungstabletten, Abführmittel, zuviel Salz.

Mangelerscheinungen: Wasserretentionen (Ödeme), hoher Blutdruck, Herzversagen, Verstopfung, Muskelschwäche, Nervosität.

Gefahr der Überdosierung: nicht gegeben.

Tägliche Mindestmenge: 2 bis 3 g.

Reichlich enthalten in: allen Gemüsesorten, Ananas, Vollkorn, Sonnenblumenkernen, Kartoffeln (vor allem der Schale), Bananen, Nüssen.

Sodium (Salz)

Funktion: Ist für viele Abläufe des Körpers in Zusammenhang mit Kalium und Chlorin wichtig. Diese Minerale bestimmen das Elektrolytspannungsverhältnis der Zellen. Dieses Spannungsverhältnis entscheidet über die Fähigkeit, elektrische Impulse weiterzuleiten, und über den osmotischen Druck, der für die Weiterleitung der Nährstoffe durch den Darm wichtig ist. Sodium ist notwendig für die Hydrochloridsäure-Produktion im Magen und damit eine Voraussetzung für die richtige Verdauung.

Die Aufnahme wird gestört oder verhindert durch: Entwässerungstabletten, Abführmittel, Schwitzen und Durchfall.

Mangelerscheinungen: Sind bei uns selten, da eher zuviel als zuwenig Salz verwendet wird. Muskelschwäche, Apathie, Brechreiz, Schwindel, Atembeschwerden.

Gefahr der Überdosierung: Ist gegeben.

Tägliche Mindestmenge: 200 bis 400 mg.

Reichlich enthalten in: Salz, Sellerie, Algen.

Chlor

Funktion: Wichtig für die Produktion der Hydrochloridsäure im Magen, welche zu Eiweiß, Verdauung und Mineralassimilierung benötigt wird. Hilft der Leber bei der Entgiftung. Ein Kofaktor bei der Wahrung des Flüssigkeitsgehaltes und der Spannung der Körperzellen.

Die Aufnahme wird gestört oder verhindert durch: siehe Sodium.

Mangelerscheinungen: Mundgeruch (bedingt durch mangelnde Hydrochloridsäure-Produktion), ungenügende Verdauung der Speisen, Blutdruckschwankungen.

Gefahr der Überdosierung: wie Sodium.

Tägliche Mindestmenge: 3 bis 5 g.

Reichlich enthalten in: Algen, Fisch, Salz, Sellerie, Spargel.

Sulfur (Schwefel)

Funktion: Schönheitsmineral. Schwefelbäder werden seit langer Zeit hauttherapeutisch eingesetzt. Als Bestandteil des L-Cystein zum Aufbau von Haut, Haaren und Nägeln unerläßlich. Gilt als Radikalfänger und beugt so Alterserscheinungen vor. Bindet Umweltgifte wie Cadmium.

Die Aufnahme wird gestört oder verhindert durch: nicht bekannt.

Mangelerscheinungen: Hautstörungen verschiedenster Art, brüchige Haare und Nägel, fahles Aussehen.

Gefahr der Überdosierung: nicht bekannt.

Tägliche Mindestmenge: nicht festgesetzt. Bei einer unbelasteten Umwelt und richtig bereiteten hochwertigen Speisen wäre kein Zusatz nötig.

Reichlich enthalten in: Zwiebeln, Fisch, Meerrettich, Eiern, Fleisch.

Eisen (Fe)

Funktion: Voraussetzung der Hämoglobin-Bildung. Baut die Abwehrfähigkeit des Körpers auf und entscheidet über die »Farbigkeit« des Menschen. Voraussetzung der Vitalität.

Die Aufnahme wird gestört oder verhindert durch: Mangel an Hydrochloridsäure im Magen, Trinken von Kaffee und Tee während der Einnahme mindert die Aufnahmefähigkeit, während Vitamin C die Aufnahmefähigkeit erhöht. Eisen sollte immer abends, getrennt von allen anderen Vitaminen und Nährstoffen eingenommen werden, weil es viele biochemischen Abläufe stört und umgekehrt.

Mangelerscheinungen: Anämie, Infektanfälligkeit, Müdigkeit, Kurzatmigkeit, Kopfschmerzen, Desinteresse an Sexualität.

Gefahr der Überdosierung: Überdosierung ist möglich.

Tägliche Mindestmenge: 12 mg Männer; 18 mg Frauen.

Reichlich enthalten in: Leber, Nieren, dunklem Gemüse, Melasse, Brunnenkresse, Sprossen von Soja und Sonnenblumenkerne.

Kupfer

Funktion: Kupfermangel macht auch die Eisenresorption schwer. Ein Partner des Eisens. Ohne Kupfer kann Eisen nicht sein »Soll« erfüllen. Spielt eine Rolle in der Eiweißmetabolisierung. Wichtig zur Wundheilung. Erhält Haarfarbe. Nötig zur Entwicklung und Erhaltung von Knochen, Gehirn, Nerven und Bindegewebe.

Die Aufnahme wird gestört oder verhindert durch: gestörte Darmflora, zuviel Kaffee und Tee.

Mangelerscheinungen: Anämie, Haarausfall, Atemschwierigkeiten, Verdauungsschwierigkeiten, Verlust der Haarfarbe, Herzschwäche und Schwäche der Abwehr.

Gefahr der Überdosierung: möglich.

Tägliche Mindestmenge: 2 mg.
Reichlich enthalten in: Leber, Nieren, Geflügel, Nüssen, Trokkenpflaumen, dunklem Gemüse, Melasse.

Jod

Funktion: Voraussetzung zur Bildung des Thyroxins, des Hormons, das die Schilddrüsenaktivität und deren Auswirkung auf körperliche und geistige Regheit reguliert. Beeinflußt den Grundumsatz, Energiehaushalt, Gewicht, Aussehen, Haut, Haare, Ausstrahlung. Ihm wird eine Schutzfunktion vor radioaktiven Strahlen zugeschrieben. Unerläßlich für eine gesunde Schilddrüse.

Die Aufnahme wird gestört oder verhindert durch: Möglicherweise durch exzessives Essen von rohem Kohl und Nüssen.

Mangelerscheinungen: Kropf, Anämie, Lethargie, Desinteresse an Sexualität, langsamer Puls und Gewichtszunahme.

Gefahr der Überdosierung: nicht bekannt bei organischem Jod.

Tägliche Mindestmenge: 1 Mikrogramm pro kg Körpergewicht.

Reichlich enthalten in: Algen, Mangold, Knoblauch, Eigelb, Fisch, Meersalz.

Zink

Funktion: Wichtiger Bestandteil etlicher Enzyme, wird zur Metabolisierung von Fett, Kohlehydraten und Eiweiß benötigt. Nährt Nerven und Gehirn und bedingt Koordinationsabläufe zwischen Gehirn, Muskeln und Nerven. Zink ist ein wichtiges und vielseitig benötigtes Mineral. Voraussetzung zur Herstellung von Enzymen im Körper (ca. 70). Die Hautbeschaffenheit ist in großem Maß zinkabhängig. Wichtig für den Abwehrmechanismus. Voraussetzung für die Metabolisierung des Vitamins A. Beeinflußt

Zellatmung und Wachstumsprozesse. Hilft dem Körper, Ammoniak abzubauen. Unabdingbar für Knochenaufbau. Auch der Geruchssinn ist zinkabhängig, es wird ferner benötigt zur Bildung der Neurotransmitter. Es ist ein Bestandteil der Synthese verschiedener Steroidhormone.

Die Aufnahme wird gestört oder verhindert durch: Alkohol, gestörte Darmflora, Antibabypille, Streß, Narkose, Verbrennung, Entwässerungstabletten, Abführmittel.

Mangelerscheinungen: Wachstumsstörungen, Stoffwechselstörungen, Knochenverformung, Sterilität, Impotenz, Gleichgewichtsstörungen, Asthma, schlechte Dunkeladaption, Hautstörungen, schlechte Haut, Akne, schwache Abwehrkräfte, zerebrale Veränderungen (durch mangelhaften Abbau von Ammoniak), schlechte Stimmung, weiße Flecken auf den Finger- und Fußnägeln, Apathie, Lernunlust, Haarausfall und Leberfunktionsstörungen.

Gefahr der Überdosierung: Überdosierung nur durch übermäßige Einnahme möglich, bitte nur nach Absprache mit dem Arzt einnehmen.

Tägliche Mindestmenge: 15 bis 30 mg.

Reichlich enthalten in: Austern, Zwiebeln, Eiern, Meeresfrüchten.

Silicon

Funktion: Essentiell für die Bildung der Knochen, Haut, Haare und Zähne. Hilft bei allen Heilprozessen des Körpers.

Die Aufnahme wird gestört oder verhindert durch: unbekannt.

Mangelerscheinungen: Elastizitätsverlust der Haut, Falten durch verminderte Spannung. Weiche, brüchige Nägel, dünnes Haar, Schlaflosigkeit, Knochenschwund.

Gefahr der Überdosierung: nicht bekannt

Tägliche Mindestmenge: nicht festgesetzt.

Reichlich enthalten in: Algen, Haferflocken, Äpfeln, Erdbeeren, Zwiebeln, Alfalfa-Sprossen, Mandeln, Sonnenblumenkernen.

Mangan

Funktion: Aktiviert Enzyme, wird benötigt zur Metabolisierung von Kohlehydraten, notwendig für Bildung von Sexualhormonen, mit Cholin unterstützt es die Fettverdauung, nährt Nerven und Muskeln.

Die Aufnahme wird gestört oder verhindert durch: exzessive Einnahme von Phosphor.

Mangelerscheinungen: Schwindelanfälle, Muskelschwäche, Drüsenfunktionsstörungen.

Gefahr der Überdosierung: nicht bekannt.

Tägliche Mindestmenge: 2,5 mg.

Reichlich enthalten in: grünem Gemüse, Blaubeeren, Aprikosen, in der äußeren Schicht von Nüssen und Vollkorn, rohem Eigelb, frischen Weizenkeimen, Algen, frischen Erbsen.

Selen

Funktion: Ein Antioxydant. Hat eine dem Vitamin E ähnliche biologische Aktivität. Bewirkt Minderung des Vitamin-E-Bedarfs. Schützt die Blutzellen vor Oxydationsschäden. Schützt vor Radikalschäden. Hilft bei der Behebung von Leberschäden. Spielt eine Rolle bei Enzymvorgängen.

Die Aufnahme wird gestört oder verhindert durch: unsachgemäße Behandlung selenhaltiger Speisen.

Mangelerscheinungen: frühzeitiges Altern, Wachstumsstörungen, Arteriosklerose, Leberschäden.

Gefahr der Überdosierung: Ist gegeben.

Tägliche Mindestmenge: nicht festgesetzt.

Reichlich enthalten in: Bierhefe, Meerwasser, Algen, Pilzen, Knoblauch, Milch, Eiern, Gemüse (biologisch), Fleisch (Innereien), Fisch.

Aminosäuren

Aminosäuren gehören als Bausteine der Proteine und Peptide und als Nährstoffe für den gesamten Zellstoffbereich zu den wichtigsten organischen Stoffen. Ungefähr zwanzig Aminosäuren sind am Proteinaufbau beteiligt. Man unterscheidet zwischen essentiellen Aminosäuren, das sind diejenigen, die der Körper nicht selbst herstellen kann, und den nichtessentiellen, jenen, die der Körper selber produzieren kann.

Die tägliche Einnahme von essentiellen Aminosäuren bestimmt über Vitalität und Schönheit. Natürlich nicht allein, aber sie sind ein besonders wichtiges im Zusammenspiel der vielen Elemente. Einige Zeit war die Bedeutung des Eiweißkonsums so in den Vordergrund gerückt worden, daß ganz vergessen wurde, daß das Eiweiß natürlich nur mit Hilfe anderer Stoffe seine Bestimmung erfüllen kann. Zuviel Eiweiß hinterläßt Stoffwechselabfälle, und die lagern sich als Säure im Körper ein. Das tierische Eiweiß ist für den Menschen leichter zu verwerten als pflanzliches. Dadurch wird es aber auch schnell überdosiert und bringt dann mehr Nachteile als Vorteile.

Die Aufgaben der verschiedenen Eiweißstoffe sind ganz unterschiedlich. Man muß sich vorstellen, daß jeder nur eine spezifische Aufgabe hat und auch nur diese erfüllen kann. Aus der relativ geringen Zahl der Bausteine lassen sich aber unvorstellbare Wunderkombinationen bauen, ähnlich wie beim Lego.

Man unterscheidet grob in kugelförmige (globuläre) und in faden-
förmige (fibrilare) Eiweißstoffe. Die Kugeln kann man in Wasser
lösen, die Fädchen nicht. So bilden die Fädchen die Stützen und
das Bindegewebe, und die Kugeln sind als Zellarbeiter bekannt.
Weiter unterteilt man in Proteine, einfache Eiweißstoffe, und in
Proteide, zusammengesetzte Eiweißstoffe. Proteide bestehen aus
einem Proteinanteil und einem anderen Stoff, zum Beispiel einem
Farbstoff. Das Chromoprotein ist das Hämoglobin der roten
Blutkörperchen.

Vielfältigkeit der Wirkung der Eiweißstoffe reicht von ihrer Funktion als Gerüst und Baumaterial bis zur Enzymbildung, zur Bildung der Neurotransmitter und der Energieerzeugung usw.

Bekannt ist, daß der Bedarf an Aminosäuren während der Kindheit am größten ist. Was ja auch verständlich ist, da sich der Körper
dann noch im Aufbau befindet und die Aminosäuren ja Aufbau-
steine sind. Später sind sie sozusagen nur noch für Renovierungs-
arbeiten nötig. Das Kind verfügt auch über ein Enzym, Laktase,
das später im dritten oder vierten Lebensjahr verschwindet und
damit auch die Fähigkeit, Milch richtig zu verdauen.

Als Quark oder Käse jedoch hat die Milch eine Umwandlung
durchgemacht, die sie auch für erwachsene Menschen, die auf
Milch allergisch reagieren, verträglicher macht.

Die Angaben über den täglichen Eiweißbedarf schwanken wie die
Rocklänge in der Mode. Mal braucht man angeblich viel, dann
wieder wenig. Auch da gibt es letztendlich nur individuelle Maßstäbe, die jeder für sich herausfinden muß. Bei einem verminder-
ten Lebensgefühl und reduzierter Energie, körperlicher oder
geistiger, ist ein Mangel an Aminosäuren oft die Ursache. In dem
Kapitel »Ernährung und Befindlichkeit« sind die Auswirkungen
der Aminosäuren auf diese Bereiche bereits erklärt worden.

Achtung:
Die Einnahme von Aminosäuren mit einem Arzt besprechen.

1. Die Einnahme erfolgt am Morgen, am besten auf leeren Magen und nicht willkürlich gemischt. Nährstoffe stehen nämlich teilweise in einer Art Konkurrenzverhältnis. Einige sind synergetisch, wirken also im Zusammenspiel, andere heben sich gegenseitig auf (die einen Nährstoffe gehören sozusagen zum Chor, während die anderen ihre Arien allein singen wollen). Dies gilt zum Beispiel für Tryptophan und Tyrosin, die sich, zusammen eingenommen, neutralisieren.

2. Wie in dem Kapitel »Sauer macht lustig« ausführlich erklärt, braucht der Körper zum Abtransport von Eiweißstoffwechselrückständen (Schlacken, Säuren) Basen. Basenträger sind Obst und Gemüse. Für die optimale Verwertung von Aminosäuren empfiehlt sich vor allem frische, Vitamin-C-haltige Nahrung. Einige Rezepte für Säfte zur Einnahme von Aminosäuren:

   Eine oder zwei ungespritzte Orangen schälen und in Scheiben schneiden. Kerne entfernen und die Frucht mit etwas Mineralwasser verquirlen, bis die Flüssigkeit sahnig ist. Die *ganze* Orange hat mehr Vitamin C, da ein Teil davon in dem hellen Teil der Schale und den weißen Fasern steckt.

Das gleiche läßt sich auch mit anderen Früchten machen wie Ananas, Papaya, Erdbeeren, Quavas, Kiwis, Johannisbeeren, Himbeeren, Heidelbeeren.
Darauf achten: Saure Früchte nicht zu einem Stärkefrühstück.
Wer süß und fruchtig nicht mag, kann sich einen frischen Gemüsesaft verquirlen. Das paßt zu Eiweiß- und Stärkeessen.

Rezept für ein Vitamin-C-haltiges Gemüsegetränk:

½ Gurke (geschält, wenn nicht biologisch)
1 grüne Paprikaschote
1 Tomate
1 Prise Herbamare
ein wenig Mineralwasser
Petersilie, Brunnenkresse, Kresse, Sauerampfer (einzeln oder gemischt)
eventuell ein Schuß Zitronensaft, jedoch nur, wenn das darauf folgende Frühstück kein Stärkefrühstück ist.
Das Ganze verquirlen, bis es ein sahniges Getränk ergibt.

Zu den Vitamin-C-haltigen Getränken wird die Einnahme von Vitamin B 6 und Zink empfohlen.
Mindestens 4 große Gläser Mineralwasser oder Kräutertee (Entsäuerungstee, Hafertee täglich). Reichliches Trinken von Wasser oder Kräutertee ist ein wichtiger Faktor der gesunden Ernährung. Bei einer Aminosäuretherapie ist Flüssigkeitszufuhr unerläßlich. Leider sind nicht alle Mineralwasser gleich gut. Ich bevorzuge Adelsholzener oder San Pellegrino.
Warnung: Bei einer Behandlung mit antidepressiven Mitteln dürfen keine Aminosäuren eingenommen werden! Schwangere, Kinder, Halbwüchsige und stillende Mütter sollten ebenfalls davon absehen.

Fasern

Leben wird als Bewegung definiert. Beweglichkeit ist Lebendigkeit. Eine faserarme Nahrung ist nur wenig beweglich. Sie braucht länger, um sich durch den Körper zu schleppen.

Die Transportzeit, die unsere Nahrung braucht, spricht im Vergleich zu Völkern, die fasernreiche Stoffe essen, gegen unsere Ernährungsweise. Je mehr faserfreie Speisen gegessen werden, um so größer wird die Gefahr von Darmkrebs.

Fasern werden bei uns meist nur in Kleie und anderer Vollkornnahrung vermutet. Sie enthalten jedoch nur einen Teil der zur Verfügung stehenden Fasern und können sogar, im Übermaß genossen, schädlich sein. So stört zum Beispiel der Stoff Phytin die Zinkaufnahme. Weiterhin kann auch die Aufnahme von Kalzium, Eisen und Magnesium gestört werden. Phytat, eine Substanz im Vollkorn, bindet einige Mineralstoffe und macht sie unwirksam.

Fasern gibt es in verschiedenen Formen. Zellulose und Hemizellulose sind Bestandteil der Pflanzenschale. Hemizellulose und Pectin schaffen das Gitter, in das sich die Zellulose einfügt. Fasern sind wie die Besen, die kehren. Sie sind biochemisch gesehen Kohlehydrate. Lignin ist eine hölzerne Substanz, welche pflanzliche Zellwände stützt.

Faserstoffe

Zellulose ist enthalten in: Äpfeln, Kleie, Vollkornmehl, Karotten, Bohnen, Broccoli.

Hemizellulose ist enthalten in: Kleie, Zerealien, Mangold, Rote-Beete-Blätter, Vollkorn.

Pectin ist enthalten in: Äpfeln, Karotten, Erdbeeren.

Faserstoffe verhindern Verstopfung, Divertikulosis, Hämorrhoiden und Krampfadern. Sie sollten, wie schon erwähnt, nicht mit Vollkornnahrung aufgenommen werden, sondern auch aus faserhaltigen Obst- und Gemüsesorten. Die tägliche Mindestmenge wird auf 20 bis 30 Gramm pro Tag geschätzt. Im ländlichen Afrika essen die Bewohner 60 Gramm am Tag. Es gibt dort wesentlich weniger Fälle von Herzkrankheiten, Darmkrebs und Divertikulosis.

Ohne spezielle Zusätze der Nahrung läßt sich der Faseranteil durch das Essen unraffinierter Speisen erhöhen. Verarbeiten Sie zum Beispiel auch die Stiele der Gemüsepflanzen. Und, wie schon oft gesagt, essen Sie möglichst viel Rohkost.

Mein Arzt, mein Helfer?

Wie wichtig es ist, einen guten Arzt zu haben, weiß jeder. An welchen Maßstäben und Kriterien seine Qualität zu messen ist, weiß kaum jemand. Das liegt natürlich auch daran, daß viele von ihrem Arzt auf der einen Seite zuviel und auf der anderen Seite zuwenig erwarten.

Eine Jugendfreundin von mir träumte immer, wie sie die Welt ändern würde: Wäre ich Königin, dann... Um das zu übernehmen: *Wäre ich Königin, dann* gehörte das Kennenlernen des eigenen Körpers zum Schulunterricht.

Man kommt aus der Schule und weiß, wie man Frösche seziert, wie sich Spinnen paaren, wie dieses und jenes funktioniert, aber ein rundes, klares Bild der Funktionen des eigenen Körpers hat man nicht. Oder warum zum Beispiel geben Kassen keinen Vorsorge-Unterricht? Das könnte wirklich lebendiges Lernen sein, weil jeder seine eigenen Erfahrungen mitbrächte. Zwar gibt es für Probleme wie Partnerschaft, Sexualität usw. Gesprächsgruppen, aber, soweit ich weiß, noch keine für das fundamentale Wissen über den eigenen Körper. Der Austausch bleibt fetzenhaft zwischen Joghurt und Aufschnitt im Supermarkt, wo eben gar kein richtiger Austausch möglich ist.

Nun sitzen aber viele Menschen beim Arzt, weil sie sich nicht wohl fühlen, und werden dort, wenn sie Pech haben, erst richtig krank. Der Vater von Kathrine Hepurn, der weltberühmten Schauspielerin, war Arzt und hatte eine große Familie. Kathrine erzählte mir einmal, daß ihr Vater, wenn jemandem in der Familie irgend etwas fehlte, nur entnervt sagte: »Viel Wasser, viel Wasser, nur viel Wasser trinken.« Tatsächlich ist Kathrine nie richtig krank gewesen.

Ich habe durch schlechte Erfahrung mit Ärzten zum Glück gelernt, einige gute zu finden. Von Vorteil war, daß meine Urgroßmutter und meine Großmutter Ärztinnen waren. Meine Mutter hat zwar auch Medizin studiert, es dann allerdings aufgegeben, um meinen Vater zu heiraten. Egal, die Medizinmänner waren bei uns keine Götter in Weiß, aber ein guter Arzt wurde respektiert.

Es gibt ganz gewisse Dinge, die man von einem Arzt erwarten kann und soll. Der Arzt kann sicher keine Eheprobleme lösen, und er soll und darf auch keine Beruhigungstabletten verschreiben, nur um eine Frau mit ihren Problemen loszuwerden. Es kann aber sehr gut sein, daß man krank ist, selber nicht weiß, warum, und das unangenehme Gefühl hat, der Arzt weiß es leider auch nicht.

Den Arzt zu wechseln kommt oft einem Religionswechsel gleich. Darf ich das? Werde ich gestraft? Kriege ich Krebs, wenn ich jetzt weggehe? Fallen mir die Zähne aus? Das Verhältnis zum Arzt ist ein partnerschaftliches, und das sollte auch die Richtlinien bei der Auswahl eines Arztes bestimmen. Ärzte sind Menschen mit Anti- und Sympathien und mit Eigenarten, die genau wie bei jedem anderen auch Disharmonien auslösen können. Natürlich ist es wichtig, zuerst mal für sich selbst zu klären, warum man denn einen Arzt nicht ausstehen kann oder warum man ihn mag.

Wenn die eigene Einstellung durchleuchtet ist, gibt es folgende Punkte, die bei der Wahl des Arztes zu beachten sind.

1. Antwortet der Arzt ausweichend und unklar auf Ihre Fragen? Jeder hat das Recht auf eine verständliche Erklärung der Wirkung und Auswirkung der verschriebenen Medikamente. Die Beratung mit Ihrem Arzt muß der Wegweiser für Ihren Gesundheitsprozeß sein. Den Weg muß man selber gehen, aber nicht im Dunkeln. Ein guter Arzt erklärt und beleuchtet die Dinge. Er erklärt dem Patienten die Eigenverantwortlichkeit. Ein Gesundungsprozeß ist Teamarbeit.

2. Beachtet Ihr Arzt bei der Verschreibung von Medikamenten von Ihnen erwähnte Unverträglichkeiten? Es ist schon vorgekommen, daß Patienten beim Durchlesen des Begleitzettels der Medikamente einen Wirkstoff entdeckten, von dem sie wußten, daß sie ihn nicht vertragen. Selbst wenn dieser Wirkstoff in geringen Mengen enthalten ist, verrät es eine nachlässige Einstellung des Arztes, dieses Medikament dennoch zu verschreiben. Solche kleinen Malheurs sind auf jeden Fall ein Zeichen dafür, den Arzt zu wechseln, denn es könnte nächstes Mal ein größeres passieren.

3. Werden Sie von der Sprechstundenhilfe und vom Arzt herabsetzend behandelt? Lassen Sie es sich nicht gefallen. Jeder von uns zahlt und hat das Recht auf eine anständige Behandlung.

4. Ist Ihr Arzt indiskret? Es gibt Ärzte, die sich über die Ihnen zustehenden Rechte hinwegsetzen. Persönliche Bemerkungen in einem rohen Ärztestil sind unangebracht und verschrecken manche Patienten. Ein Patient offenbart sich ja in

der Sprechstunde. Gerade bei Zahnärzten, die pfuschen, habe ich Horrorgeschichten erlebt. Sofort den Arzt wechseln, ist alles, was ich sagen kann. Ein guter Arzt macht keine dummen Bemerkungen.

5. Ändert Ihr Arzt öfter die Diagnose? Meistens sind es mehrere Dinge, die eine Gesundheitsstörung auslösen, also können auch mehrere Faktoren eine Rolle spielen. Aber jedes Mal eine andere Krankheitsursache? Das kann nur heißen, Ihr Arzt tappt im Dunkeln, und das spricht nicht für seine Fähigkeiten, Ihren Körper heilen zu können.

Geburtenkontrolle

Mit nichts läßt sich so viel Geld verdienen wie mit der Unwissenheit der Käufer. Die Antibabypille mag für manche Frauen gut sein, weil sie ein bequemes Verhütungsmittel ist. Doch die biochemischen Störungen, die sie auslöst, sind nicht zu ermessen. Das Ende der Verwendung der Pille und der Spirale ist jedoch nah, auch wenn bis heute in Deutschland scheinbar alle Alternativen boykottiert werden. Man darf nicht vergessen, daß durch die Pille sehr viel Geld verdient wird. Gleiches gilt für die Spirale. In Frankreich und Amerika ist seit zwei Jahren ein Schwämmchen auf dem Markt, das mit gleich großer Sicherheit empfängnisverhütend wirkt, jedoch ohne Nebenwirkungen ist. Als ich versuchte, nachdem ich es ausprobiert hatte, das Schwämmchen in Deutschland über eine internationale Apotheke zu bestellen, wurde mir mitgeteilt, es sei in Amerika vom Markt genommen worden – was nicht stimmt. Von einem deutschen Hersteller wurde einer Bekannten von mir, die für eine deutsche Frauenzeitschrift arbeitet, gesagt, die Schwämmchen wären noch nicht ausgereift, denn sie würden krümeln und beim Herausziehen reißen! Neugierig, wie ich bin, informierte ich mich in einer Klinik in Paris. Dort wiederum wurde mir von dem großen Erfolg der Schwämmchen berichtet, weil sie, abgesehen davon, daß sie empfängnisverhütend sind, auch noch antiseptisch sind und wirklich frei von allen Nebenwirkungen. Man schickte mir welche, die ich an Freundinnen zum Ausprobieren verschenkte. In Amerika hatten diese Schwämmchen den allergrößten Erfolg. Warum kamen sie also nicht in Deutschland auf den Markt?

Aber es gibt noch zwei weitere sichere und gleichzeitig nebenwirkungsfreie Verhütungsmethoden. In England hat die Firma Boots Celltech Diagnostic eine perfekte Methode zur Empfängnisverhütung entwickelt, die sogar von der katholischen Kirche akzeptiert wird. Sie hat sich in Tests als hundertprozentig sicher erwiesen. Wie beim Zuckertest gibt es einen imprägnierten Teststreifen, der, wenn man ihn in Urin taucht, die empfängnisbereite Phase der Frau anzeigt. Der Streifen mißt den Östrogengehalt und den Progesterongehalt des Urins. Der veränderte Östrogengehalt, der ein paar Tage vor der Ovulation ansteigt, verändert auch die Farbe des Testers. Der Streifen zeigt nicht an, wenn dieses Hormon später im Menstruationszyklus noch einmal ansteigt, da dann der Progesterongehalt ansteigt und die zwei Hormone sich gegenseitig aufheben.

Eine weitere sichere Methode zur Empfängnisverhütung ist die Billing-Methode. Herr Billing ist ein australischer Gynäkologe, der mit seiner Frau, die auch Gynäkologin ist, eine Methode entwickelt hat, die die Veränderung der Mykose, des Schleims im Unterleib, zur Bestimmung der fruchtbaren Tage heranzieht. Das Milieu des weiblichen Unterleibs und die Konsistenz des Schleims sind für die Befruchtung wichtig. (Diese Methode ist nichts für Frauen, denen nur der Gedanke, sich selber zu untersuchen, unangenehm ist.) Vom Tage nach der Beendigung der Periode bis zu ihrem nächsten Beginn verändert sich die Konsistenz der Mykose. Sie ist zuerst pappig und wird immer flüssiger und hat zur Ovulationszeit eine sehr klare, fast eiweißartige Konsistenz. Steckt man sich nun einen (sauberen) Finger in die Vagina, so ist die abgesonderte Flüssigkeit während der empfängnisbereiten Phase so, daß sich zwischen den Fingern fast Fädchen ziehen lassen. Diese rutschige, schleimige Konsistenz ermöglicht es den Spermien sozusagen, auf der Flüssigkeit hochzugleiten.

Jetzt fragt sich jeder, warum diese billigen und einfachen Methoden bei uns noch nicht auf dem Markt und eigentlich auch recht unbekannt geblieben sind. Ich habe jahrelang die Spirale getragen und regelmäßig Eierstockentzündungen gehabt und gehe von der Pille auf wie Hefeteig. Und obwohl meine Mutter und Großmutter in einer Frauenklinik in Paris arbeiteten, bin ich erst nach langen Jahren auf diese sicheren Methoden gekommen. Ich glaube, der Grund dafür ist mangelndes Selbstvertrauen. Denn Pille und Spirale taugen eigentlich nur für Frauen, die sich selbst nicht kennen und sich nicht vertrauen. Daran verdienen andere ihr Geld. Aber dieses Geld kann man auch besser ausgeben.

(In Amerika und England sind die Schwämmchen unter dem Namen »Today Sponge« auf dem Markt; in Frankreich als »Tampon Pharmatex«.)

Die Tage vor den Tagen

In den Tagen vor meinen Tagen müßte ich eigentlich ein Schild um den Hals hängen: »Vorsicht, bissige Hausfrau«. Die prämenstruellen Symptome reichen von Tränenausbrüchen bis zu kalter Wut. Weibliche Filmstars weigern sich, an diesen Tagen Großaufnahmen zu machen, und ich frage mich oft, welche Entscheidungen Margret Thatcher wohl vor den Menses trifft. Meine Töchter und ich kündigen uns gegenseitig einige Tage vorher an, es ist bald soweit, und ich möchte mich schon vorher für eventuelles Fehlverhalten entschuldigen. Aber seit ich konsequent an meinem Ernährungsprogramm festhalte, kommt es schon mal vor, daß die Periode plötzlich da ist, ohne daß sie sich mit schlechter Stimmung angekündigt hat.

Heißhunger auf spezielle Speisen vor der Periode ist oft ein Zeichen für Hypoglykämie. Vor der Periode haben viele Frauen Anzeichen dafür. Mehrere kleine, hochwertige Mahlzeiten, über den Tag verteilt, erleichtern viele prämenstruelle Syndrome. Weiterhin sollten Sie berücksichtigen, daß Monomahlzeiten leichter verdaulich sind, dies speziell vor der Periode.

Vor allem B-Vitamine sind vor und während den Tagen wichtig, denn sie sind Nervennahrung. Bestimmte Speisen stören die Fähigkeit des Körpers, die B-Vitamine zu verwerten. Besonders vor der Periode sind deshalb zu meiden: weißer Zucker, weißes Mehl, Fritiertes, Kaffee, Tee, Alkohol, Limonaden, Cola usw. Vitamin B 6 sorgt für die Eisenverwertung im Körper, die selbstverständlich während der Periode besonders wichtig ist. Zusätzliche Einnahme von Vitamin B 6 aber bitte mit dem Arzt besprechen.

Diuretische Kräutertees (indischer Nierentee) beugen gegen Wasserretention vor. Mindestens acht Tassen am Tag sollten Sie trinken. Für Kaffeetanten ist speziell vor der Periode Carokaffee eine empfehlenswerte Alternative. Gymnastik ist nie so wichtig wie während Ihrer Tage. Fahrradfahren hilft, die Wutanfälle herauszutreten. Bücher mit angenehmen Themen helfen, die emotionale Instabilität zu dämpfen. Humor und Ehrlichkeit erhellen die schwarze Stimmung.

Schönheitsprobleme, ganzheitlich gelöst

Gerötete Augen
Vitamin-A-Mangelerscheinung trotz genügender Vitamin-A-Zufuhr (siehe Vitamin A).
Streß und *Kaffee* fördern zudem Vitamin-B-Verlust durch Ausschwemmung.
Bei *Entzündungen*, *Arbeit bei Neonlicht*, bei *übermäßigem Alkoholgenuß* immer ein hochdosiertes Vitamin- und Mineralstoffpräparat nehmen, vor allem Zink dazu.
Test, ob die Rötung der Augen harmlos ist oder nicht: Ein Auge zudecken, anderes mit Taschenlampe anleuchten. Schmerzt das bedeckte Auge auch, sofort zum Arzt.
Eine Augengymnastik (siehe Kapitel »Gymnastik«) sorgt für eine bessere Durchblutung der Augenpartie. Durchblutung heißt stärkere Nährstoffzufuhr und Sauerstoffzufuhr.
Bei Arbeit bei Neonlicht zusätzliche Vitamin-A-haltige Nahrung oder Nährstoffe.
Vitamin B 2 und B 6 hilft bei geröteten Augen, da es die Neubildung von Gewebe fördert.
Als Ursache kommen aber auch eine Stauballergie oder eine Schminkallergie in Frage.

Verschwollene Augen

Angeraten ist in jedem Fall eine ärztliche Untersuchung von *Niere*, *Herz* und *Schilddrüse*. Die Augenumgebung ist weich und knochenlos, Schwellungen des ganzen Körpers zeigen sich deshalb hauptsächlich hier.

Wetterbedingt. Es gibt tatsächlich etwas, was als Quellwetter bezeichnet wird. Mit Akupressur und Neuraltherapie ist die Wetterempfindlichkeit wegzubekommen. Ganzheitlich gesehen ist ein wetterempfindlicher Körper biochemisch unausgeglichen.

Salzkonsum reduzieren. Auch Würste und stark gesalzenen Käse. Nicht vollkommen salzlos essen (außer auf ärztliche Verordnung), da sonst der sogenannte Rebound-Effekt auftreten kann: Bei zu geringer Salzzufuhr hält der Körper hundert Prozent des Salzes und verursacht dadurch Wasserretentionen!

Das Gewicht normal halten. Fettzellen nehmen mehr Wasser auf und lagern es. Trinken Sie mindestens 8 Gläser Kräutertee oder potassiumhaltige Säfte pro Tag. Potassium ist in Gurken, Brunnenkresse und grünen Säften enthalten. So absurd es klingen mag, man vermeidet Wasseransammlungen im Körper durch das Trinken von Flüssigkeit. Wenn der Körper die richtige Menge Flüssigkeit erhält, bindet er nichts Überflüssiges, sondern scheidet es aus. Wenn man dagegen nicht die ausreichende Menge trinkt, die der Körper zur Durchspülung braucht, hält er sich an das Wasser überall und auch aus dem Darm, was zu Verstopfung führt.

Zusätzliches Vitamin B 6. Durch die Einnahme dieses Vitamins wird das Wasser leichter ausgeschwemmt.

Kopf im Schlaf entspannen durch eine zusätzliche Nackenstütze. Nicht zu flach schlafen.

Keine schweren Fettcremes nachts auf die Augenpartie. Creme

auftragen, 10 Minuten einwirken lassen, Überschüssiges abtupfen (mehr ist lediglich fürs Kissen und die Hersteller).

Allergien. Bei mehr als einer leichten morgendlichen Schwellung Arzt aufsuchen. Bitte helfen Sie dem Arzt, indem Sie sich merken, welches Essen, welche Tabletten, welches Spray oder welche sonstigen Einflüsse die Schwellung verursacht haben könnten.

Falten, durch Schwellungen verursacht. Falten müssen frühzeitig, am besten schon im Backfischalter, verhindert werden. Die ständige Dehnung der an sich schon empfindlichen und trockenen Augenpartie leiert die Haut um die Augen aus, sie verliert an Elastizität und wird faltig. Bestehende Falten können vermindert werden, abgesehen durch eine gesunde Ernährung, durch frische Luft und durch Gymnastik. Ich empfehle, Einkäufe und Besuche mit dem Fahrrad zu machen. Gegen Schwellungen hilft auch eine vitaminreiche, basische Kost. Basisch sind Gemüse, Salate, Kartoffeln, Bananen, Feigen. Kein weißer Zucker, kein weißes Mehl, wenig Fleisch, wenig Alkohol, wenig Kaffee, wenig Tee. Basica oder ein anderes Basenpräparat zum Ausgleich.

Mechanische Hilfe gegen verschwollene Augen. Wenn die Augen und das Gesicht verschwollen sind, mache ich heiße Kompressen. Das Waschbecken mit heißem Wasser füllen, Waschlappen oder besser ein kleines Handtuch reinlegen, auswringen und möglichst heiß auf das Gesicht einwirken lassen. Das rote und erhitze Gesicht mit Öl einmassieren zum Abtransport der Flüssigkeit. Danach möglichst gesichtdurchblutende Gymnastik (siehe Kapitel »Gymnastik«).

Schwellungen im Urlaub. Am besten immer ein Mückennetz mitnehmen, da die chemischen Mittel, durch die die Quälgeister umgebracht werden, bei vielen Menschen starke Allergien auslösen. Wenn man im Gesicht zu Schwellungen neigt, sind diese Sprühmittel fast schon die Garantie, sie auch zu bekommen.

Dünne und brüchige Wimpern
Zusätzliche Einnahme von Eisen, L-Cystein, Gelatin. Vorsichtiges Abschminken. Spucktusche statt Cremetusche benutzen, Pflegecreme für die Wimpern. Färben im Salon.

Augen-Absonderungen
Handelt es sich um *eitrige Entzündungen*, sofort zum Arzt gehen.
Sind es keine Entzündungen, dann auf folgendes achten: Nicht zu spät essen, mindestens drei Stunden vor dem Schlafengehen. Abends basisch essen. Am besten Kartoffeln mit Butter oder Früchte mit Joghurt oder Gemüsesuppe mit wenig Salz.

Ringe unter den Augen
Augenringe sind Veranlagung. Sie werden verstärkt durch:
Sauerstoffmangel durch mangelnde Frischluft.
Übersäuerung durch falsche Ernährung und zuwenig Bewegung.
Eisenmangel, dadurch zuwenig Sauerstoff im Blut.
Spirale. In Frankreich ist die Beobachtung gemacht worden, daß bei Frauen, die eine Spirale tragen und zu Augenringen neigen, diese Neigung noch verstärkt wird.
Gestörte Darmflora. Verhindert harmonischen Stoffwechsel.
Nebenhöhlenvereiterung. Meine persönliche Empfehlung ist eine Behandlung mit Symbioflor, direkt in die Nase geträufelt, und Rotlicht.
Rauchen. Wer stark raucht, braucht eine besonders vitamin-,

enzym- und mineralstoffreiche Ernährung und muß besonders viel an die frische Luft gehen. Denn Rauchen mindert die Sauerstoffzufuhr an die Kapillaren.

Schlafmangel. Durch innere Unruhe, Ängste vor Prüfungen usw. verursacht. Die Einnahme von Tryptophan-Präparaten ist zu empfehlen. Erkundigen Sie sich bei Ihrem Arzt. Eine regelmäßige Mineralstoffanalyse des Blutes kann einen allgemeinen *Mineralstoffmangel* abklären, der ebenfalls für die Augenringe verantwortlich sein kann.

Sonneneinwirkung. Sonnenlicht dringt leichter in diese Augenpartien ein und steigert die Melaninproduktion. Melanin ist ein Bräunungspigment unter den Augen. Schutz dagegen: besonders hoher Sonnenschutzfaktor und Sonnenbrille, die UV-Strahlung abhält.

Haare, brüchig, spröde, glanzlos

L-Cystein ist ein wichtiger Bestandteil der Haare, es ist wichtig für die Proteinstruktur bzw. für die biologische Aktivität. Enthalten in Eiern.

Eisen- bzw. auch *Kupfer- und Eisenmangel* können ebenfalls brüchige Haare oder sogar Haarausfall verursachen. Vitamin C, Kupfer, Folsäure einnehmen. Nicht zu viel Kaffee und Tee trinken, denn Kaffee und Tee behindern die Eisenresorption. Am besten die Eisentabletten abends mit Orangensaft ohne Zucker einnehmen, d.h. ohne andere Nahrungsmittel.

Haarausfall

Er entsteht durch *Medikamente* wie Cortison, Schilddrüsenpräparate, Aspirin, Amphetamin, Antibiotika, Chemotherapie. Haarausfall, durch Medikamente bedingt, kann erst längere Zeit nach Einnahme der Präparate auftreten und ist meist temporär;

das heißt, der Haarausfall hört auf, wenn die Präparate nicht weiter eingenommen werden.

Die *Antibabypille* hat für manche Frauen eine haarwuchsfördernde Wirkung, bei anderen fördert sie den Haarausfall.

Haarausfall durch UV-Licht-Mangel. Obwohl es selten vorkommt (mir ist es aber passiert), ist es in den grauen, dunklen Wintermonaten möglich, so wenig UV-Licht abzubekommen, daß einem deshalb die Haare ausgehen. Man kann auf die Sonnenbank gehen, um dem entgegenzuwirken (dabei aber das Gesicht schützen).

Streß. Sehr starker Streß kann Haarausfall verursachen.

Färben und Dauerwellen. Sorgfältig behandeltes Haar bleibt schön, auch nach Färben und Dauerwellen. Dafür immer zu einem guten Friseur gehen, sonst ist es tatsächlich rausgeworfenes Geld. Die wichtigsten Nährstoffe zum Haaraufbau sind: L-Cystein und Vitamin C. Sie sind synergetisch, das heißt, sie brauchen einander. Weiter Eisen, Kupfer und die B-Vitamine.

Ein wahres Wundermittel ist Hefe. Immer wieder werden neue Nähr- und Wirkstoffe entdeckt, die in der Hefe stecken. Für die Haarpflege von innen spielt vor allem Inostol, ein B-Vitamin, eine sehr große Rolle. Auch das ist in Hefe enthalten. Biotin, ein weiteres B-Vitamin, kann bei Mangelerscheinungen Haarausfall verursachen. Doch passiert das äußerst selten, da das Biotin von den Darmbakterien hergestellt wird. Durch Einnahme von Antibiotika aber wird das Biotin zerstört. Auch rohes Eiweiß zerstört Biotin.

Schuppen

Zink hat einen Antioxydationseffekt. Durch Zink und Vitamin E und A wird die Oxydation der Lipide (Fette) der Kopfhaut verhindert.

Äußere Behandlung der Haare. Jedesmal, wenn Haare gewaschen werden, entfernt man nicht nur den Schmutz, sondern auch den Schutzfilm der Haare. Eine Balsamspülung, mit Wasser verdünnt, ist unerläßlich.

Anspannungen, Kopfschmerzen, Migräne

Die meisten Kopfschmerzen entstehen wahrscheinlich aufgrund scheinbar nicht zu bewältigender Probleme. Die meisten, wenn der Grund herausgefunden ist, lassen sich dennoch in Angriff nehmen und auch meistern.

Weitere Ursachen: zuviel Alkohol, Schokolade, reifer Käse, Zitrusfrüchte, Antibabypille, Allergene, zuviel Fernsehen, gute Miene machen zu bösem Spiel, falscher Biß (Kieferorthopäden aufsuchen), zuviel Kaffee. Hilfen: Vitamine des B-Komplexes, Vitamin C, Magnesium und Kalzium. Tryptophan zur Beruhigung.

Atemgymnastik, Akupressurmassage, Augengymnastik. Die Akupressurmassage wird am besten so gemacht, daß man sich an einen Tisch setzt, die Daumen auf die geschlossenen Augen setzt und langsam abtastet, wo der schmerzliche Punkt sitzt. Ist er gefunden, drückt man langsam, aber beständig drauf, läßt wieder los, drückt wieder drauf, läßt wieder los usw. Man stimuliert die Nerven, indem man auf die Nervenzentren drückt, die sozusagen verklemmt sind. Nimmt man die Daumen wieder weg, fließt das Blut wieder frei.

Fleckige Haut

Flecken auf der Haut sind, seit es die Antibabypille gibt, sehr weit verbreitet. Ist der Schaden einmal entstanden, ist er nur sehr schwer wieder zu beheben.

Es gibt aber auch andere Gründe für Pigmentstörungen: Fehlgeburten, parfümierte Cremes, Photosensibilität durch Medikamente, Pilze, Altersflecken, übermäßiger Kaffeegenuß, gestörte Darmflora.

Äußere Behandlung. Hydroquinon ist ein chemischer Stoff, der in Kalifornien und Australien, wo das Problem der Hautflecken sehr groß ist (wie überall dort, wo schottische, englische und sonst hellhäutige Menschen eingewandert sind und die Sonne sehr stark ist), häufig zur Behebung von Hautflecken eingesetzt wird. Dieser Stoff wird auf die Haut bzw. auf die Fleckenpartie aufgetragen, und es entsteht eine Art Zertrennung, das heißt eine Reizung des Gewebes, wodurch sich von innen nach außen neues Gewebe bildet. Die Haut wird mit einem Sunblock (LF 20 oder SPF 28) geschützt. Wenn also das neue Gewebe an die Oberfläche kommt, wird es überhaupt nicht von den Sonnenstrahlen erreicht.

Eine berühmte Kosmetikerin in Beverly Hills hat bei mir sehr starke Pigmentstörungen folgendermaßen behandelt: 5prozentiger Wasserstoff wird mit Bierhefe vermischt. Der Brei wird sorgfältig auf die Flecken (und nur auf die Flecken) aufgetragen und ungefähr zehn Minuten draufgelassen. Die Augen beim Abwaschen fest schließen. Diese Behandlung wird zweimal die Woche durchgeführt, bis die fleckige Haut mit der anderen Haut gleichfarbig ist.

Ebenso kann tägliches Peeling der Haut helfen, wenn die Flecken zum Beispiel von Medikamenten verursacht sind. Das geht, ohne Chemie, mit einem kleinen Schwämmchen, (Beauty Pad) das unter verschiedenen Namen bei uns auf dem Markt ist. Unterstützen Sie die Wirkung mit einer alkalifreien Seife. Mit dem täglichen Peeling stimuliert man die Neubildung von Zellen, und wenn die nicht wieder der Sonne ausgesetzt werden (Sunblock), dann kann es eigentlich nicht passieren, daß die neue Haut wieder fleckig wird.

Hautpilze

Aus eigener Erfahrung kann ich bestätigen, daß Hautpilze durch das Instandsetzen der Darmflora wieder verschwinden können. Die deutsche Ärztin, die bei mir die Symbioselenkung durchführte, erklärte mir, daß bei einer gesunden Darmflora die Haut nicht anfällig für Pilze ist.

Altersflecken

Altersflecken sind Stoffwechselrückstände und Hautreaktionen auf Aktivitäten des freien Radikals, das für die Ansammlung von Lipofuscinpigmentation in Haut und Nerven mitverantwortlich ist. Die Flecken blockieren langsam den Zufluß von Nährstoffen. Eine weitläufig akzeptierte Theorie ist, daß Lipofuscin und Ceroid, ein anderes Alterspigment, durch eine peroxyde Reaktion in Strukturen innerhalb der Zelle gebildet werden. Man nimmt an, daß zelnläre Lysosomen, Enzyme, die in den Zellen Gewebe auflösen, die zerstörten Membrane einhüllen. Das Material, das die Enzyme nicht auflösen können, bleibt als Lipofuscin- oder Ceroidabfall bestehen, also als Fleck. Dann erobern die braunen Flecken langsam die Zellräume, bis sie ihnen den »Garaus« machen.

Abgesehen von einer Entschlackung durch eine enzymreiche Kost (Ananas und Papaya) und einen Sonnenschutz kann Ihr Arzt Ihnen bestimmte Mittel verschreiben, die die Bildung von Altersflecken verhindern oder sie wieder teilweise rückgängig machen können.

Haut blaß, schattig, fleckig

Eine blasse Haut muß nicht ungesund aussehen. Entscheidend ist, daß sie lebendig ist. Lebendig heißt farbig, und farbig heißt nährstoffreich. Eine gesunde Haut schimmert, das Blut mit seinen Nährstoffen bringt sie zum Leuchten. Egal, ob die Haut sehr weiß, schwarz oder rot ist, die Haut ist ein Anzeiger des Gesundheitszustandes. Eine fleckige, unebene Haut ist ein Zeichen für einen gestörten biochemischen Ablauf. (Siehe auch das Kapitel »Mikroökologie, Darmflora, Symbioselenkung«.)

Haut an Händen, Hals und Körper
Eine gesunde Ernährung, wie in diesem Buch empfohlen, ist Voraussetzung einer schönen Haut. Wichtig aber ist auch das Einreiben des Halses und der Hände mit einem Sunblock, auch wenn die Sonne nicht so stark scheint.
Die Hände kann man pflegen, während man die Hausarbeit macht. Einfach eincremen und dünne Gummihandschuhe darüber.
Körperhaut. Die beste und effektivste Durchblutung der Körperhaut erzielen Sie mit einem trockenen Massagehandschuh. Denn der wirkt so gut, daß die Haut praktisch von innen eingefettet und genährt wird. Eine schlecht durchblutete Haut, die nur äußerlich eingefettet wird, verliert früher oder später jedes Leben und Strahlen.
Winters wie sommers ist es sehr wichtig, viel Wasser zu trinken, um den Körper vor dem Austrocknen zu bewahren. Es kann auch Kräutertee sein, aber bitte wenig Kaffee und wenig schwarzen Tee.

Unebene Haut
Unter der Haut sammeln sich oft Knötchen und andere kleine, unerwünschte Ablagerungen an. Für kosmetische Probleme immer zuerst eine Reinigungskur, bei der Sie sich selbst am wohlsten fühlen. Säfte, Früchte, Joghurt, Hefe, Mineralwasser, all dies reinigt die Haut von innen. Von außen finde ich warmes

Wasser und unparfümierte Seife und eine vorsichtige Behandlung mit einem Schwämmchen sehr effektiv.

Die Haut wird zuerst mit einer guten Milch oder einem Öl leicht eingerieben. Das Becken mit warmem Wasser füllen, und eine gute feste oder flüssige Seife auf das Schwämmchen geben. Das Gesicht an Wangen, Nase und Kinn sanft einreiben, dann das Gesicht mit dem seifigen und öligen warmen Wasser gut spülen, dreißigmal mit dem Wasser im Becken und dann noch einmal fünfzehnmal mit fließendem lauwarmen oder kalten Wasser. Vorsicht bei geplatzten Äderchen.

Am besten gibt man sich während des Kaltspülens, wenn man keine geplatzten Äderchen hat, ein paar Ohrfeigen. Nicht zu fest. Das festigt das Bindegewebe und fördert die Durchblutung.

Creme. Nur um Augen und Mund auf Hals und Hände, weil die Haut dort trocken ist. Die Wangen sollten, wenn Pustelchen vorhanden sind, vorerst nicht gecremt werden, da die Unreinheiten unter Umständen von der Creme selber verursacht sein können.

Das Peelen der Haut kann auch durch chemische Flüssigkeiten wie A-Retinol, durch Masken oder durch Seesand bewirkt werden. Auf jeden Fall fördert das Abschleifen der Hautschuppen die Neubildung von Zellen. Und wenn die Haut nicht durch dickes Fett oder Make-up verkleistert wird, bilden sich auch keine neuen Ablagerungen, die sich wieder entzünden könnten. Drücken ist auf jeden Fall abzulehnen (obwohl es wirklich Spaß macht), da es das umliegende Gewebe in Mitleidenschaft zieht.

Cellulite

Es gibt Bücher mit sehr präzisen Anweisungen zur Behebung von Cellulite und andere, die behaupten, die Franzosen hätten die Cellulite erfunden, um damit dem Rest der Welt das Geld aus der Tasche zu ziehen.

Auf jeden Fall geht das, was wie Zellulitis aussieht, bei mir am besten so weg: Nicht essen, während man trinkt, und umgekehrt. Möglichst alles frisch, nichts Fritiertes, keinen scharfen und reifen Käse, viel Ananas, viel frische Früchte (Enzyme): Papaya, Mango, Erdbeeren, Kiwi, Äpfel, Melonen, Quark, Joghurt, Hefe, Früchte- und Gemüsesäfte ohne Zucker. Keinen Alkohol, bis auf ein gelegentliches Glas Wein. So gut wie keinen Kaffee oder schwarzen Tee und keine Erdnüsse. Dagegen viel Kräutertee mit Honig, ruhig zehn Tassen am Tag.

Blasse Lippen

Blasse Lippen entstehen oft durch dauerndes *Tragen von Lippenstiften.* Eine Behandlung mit Honig, ein Tropfen auf die Lippen verteilt, durchblutet sie und läßt ihre eigene, natürliche Farbe durchschimmern.

Lippenfältchen

Küsse wirken Wunder, aber falls niemand zur Hand ist, muß es die Zahnbürste tun. Sanfte Massage der Lippen, bis sie rot und gut durchblutet werden. Dann eine spezielle Lippencreme verwenden; sehr zu empfehlen ist »Lipfix« als Unterlage für Lippenstift. Zur Lippenpflege eignen sich auch – wundern Sie sich nicht – spezielle Augencremes.

Beinschwellungen

Bodenheizungen sind sehr ungesund für die Beine. Holzpantoffeln tragen oder, wenn es geht, ausziehen.

Sonnenbäder erweitern die Venen. Die Beine während eines Sonnenbades immer hochlegen.

Autoheizung. Soweit wie möglich darauf verzichten, statt dessen warme Socken anziehen.

Enge Unterwäsche. Alles, was den Kreislauf hindert, meiden, dazu zählen auch enge Jeans. Einnahme von Bromelain. Das Enzym der Ananas hilft enorm. Wenn frische Ananas nicht vertragen wird, gibt es Tabletten auf Verschreibung. Viel gesünder und besser als Entwässerungstabletten ist es, mit Trennkost und Enzymen die Stauungen im Körper zu vermeiden.

Krampfadern

Verstopfung ist oft die Ursache von Krampfadern. Gesunde Ernährung, Bewegung und 15 Minuten Atemgymnastik täglich können rasch helfen.

Sitzweise. Medizinische Studien haben ergeben, daß die angespannte Sitzhaltung auf Stühlen ebenfalls eine Ursache für Krampfadern sein kann. Deshalb, sooft es möglich ist, zu Hause oder wo es eben geht, im Schneidersitz sitzen.

Im Büro kann man sich mit einem kleinen Fußschemel helfen.

Stützstrümpfe sind, wenn man die ganze Zeit stehen muß, empfehlenswert, auch wenn man keine Krampfadern hat. Viele Firmen stellen sie jetzt in schönen Farben her.

Säfte haben ebenfalls eine große Wirkung. Natürlich ohne Zucker- und Salzzusatz. Ananas und Weintrauben im Mixer (bitte ungespritzt kaufen) verarbeiten.

Warzen

Warzen sind auch für Ärzte noch eine geheimnisvolle Erscheinung. Es gibt bei kaum etwas anderem so viele verschiedene Behandlungsmöglichkeiten mit derartig variierenden Erfolgen. In einem amerikanischen Experiment wurde zum Beispiel eine Gruppe von Menschen mit Warzenproblemen hypnotisiert.

Es wurde suggeriert, sie sollten auf der einen Gesichtshälfte verschwinden. Und sie taten es wirklich. Doch ein Rezept, das Ihnen sicheren Erfolg garantieren kann, gibt es nicht.

Zähne

Die Zähne sind eine der letzten Festungen, die noch für eine ganzheitliche Behandlung zu erobern sind. Während auf der einen Seite noch unglaublich viele Zahnärzte behaupten, das Essen spielt nur als Speisereste zwischen den Zähnen eine Rolle, gibt es vor allem in Amerika schon viele Zahnärzte, bei denen eine Diätberatung Teil der Behandlung ist. In Amerika ist zu diesen Problemen ein faszinierendes Buch erschienen, »Nutrition and Physical Degeneration«. Der Autor, W.A. Price, hat darin eine über Jahrzehnte durchgeführte Studie über die physischen Degenerationserscheinungen beim modernen Menschen ausgewertet. Sein Interesse galt vor allem den Verformungen des Kiefers. Price reiste durch die ganze Welt und suchte nach Stämmen, deren Lebensstil sich noch nicht durch die modernen Zivilisationseinflüsse verändert hat. Stämme, unter denen Zahnverfall und Zahnfleischerkrankungen effektiv unbekannt sind. Tatsächlich entdeckte er solche Gruppen in den verschiedensten Kulturkreisen. In Zentral- und Ostafrika, aber auch in den Schweizer Bergen und in Nordaustralien. Die Gemeinsamkeiten in der Ernährungsweise dieser Menschen bestanden in folgendem: Sie ernährten sich organisch, das heißt, ihre Nahrung enthielt keine Gifte, der Anbau wurde nicht mit Kunstdünger gefördert. Die Nahrung wurde unverändert verzehrt, ein großer Teil roh.
Andere Forschungen haben gezeigt, daß *Ovulationshemmer*, *Rauchen* und *emotionale Probleme* die Widerstandskraft des Körpers gegen Zahnfleischerkrankungen vermindern. Das gilt auch für eine *zink-, magnesium- und kalziumarme Diät*.

Der korrekte Biß ist außerdem eine Voraussetzung für praktisch alle Stoffwechselvorgänge des Körpers, denn ohne richtigen Biß kann nicht richtig gekaut werden. Die Korrektur des Bisses mit Zahnspangen bei Kindern ist bekannt. Bei Erwachsenen ist es weniger praktiziert, weil es nicht sehr schön aussieht. Aber was ist schon eine ein- bis zweijährige Behandlung im Vergleich zum Lächeln im Wasserglas. Ich habe bei einem Backenzahn eine Korrektur machen lassen und bin sehr zufrieden, denn ohne diese Korrektur wäre ein loser Vorderzahn nicht wieder festgegangen. Als Alternative hätte ich jetzt eine Brücke in meinem Mund.

Welche Zahnprobleme auf einen zukommen können, kann man gut bei dem Elternteil sehen, dessen Zähne und Kiefer man geerbt hat. Von Migräne bis Magenschmerzen kann ein falscher Biß alles verursachen. Beraten Sie sich mit Ihrem Zahnarzt, denn Vorbeugen ist besser als Heilen.

Behandlung der Zähne und des Zahnfleisches zu Hause. Selbstverständlich ist der Zahnarzt nicht erst bei Schmerzen aufzusuchen, sondern regelmäßig alle drei Monate, auch für die Zahnhygiene: das Entfernen des Zahnsteines.

Nur wenige Menschen benutzen regelmäßig Zahnseide. Dabei ist das ebenso wichtig wie das Putzen mit der Bürste. Nehmen Sie sich eine Woche lang, denn Effekt der Zahnseide zu kontrollieren. Danach ist die richtige Behandlung Routine geworden.

Streß in Kombination mit hohem Kaffeekonsum spült essentielle Enzyme und Minerale aus dem Körper, was sich auch auf Zähne und Zahnfleisch auswirkt: Vitamin B, Hefe und Entspannungsübungen sind da effektiv.

Rauchen. Eine Studie hat gezeigt, daß der Zahnzustand von Rauchern dem von fünfzehn Jahre älteren Nichtrauchern entspricht. Nikotin behindert die Aufnahme von vielen Nährstoffen.

Wer das Rauchen nicht lassen kann, sollte wenigstens viel an die frische Luft gehen und vor allen Dingen viel, viel Vitamin C zu sich nehmen.

Blaß, müde, sauer – aber Sie müssen super aussehen

Warm duschen und währenddessen den ganzen Körper mit einem Massagehandschuh aus Kunststoff abrubbeln. Bei den Zehenspitzen beginnen und in kleinen Kreisen in Richtung Herz vorarbeiten. Ich persönlich benutze zum Einschäumen statt Seife »Lavol Sauerölschaum« (Drogerie, Apotheke).

Gleichzeitig sollten Sie Ihre Haare waschen, denn duftige Haare heben garantiert die Laune.

Abtrocknen und reichlich Ihre Lieblings-Körperlotion einmassieren. Haare fönen, Gesicht eincremen.

Etwas Bequemes für draußen anziehen und fünfzehn Minuten an die frische Luft. Radfahren, laufen, spazierengehen. Dabei aber nicht außer Atem kommen.

Zu Hause möglichst frischen Orangensaft mit einem Löffel Granoton (Reformhaus) und einem Glas Sekt mischen (natürlich bei Alkoholverbot den Sekt weglassen). Trinken und zusätzlich zwei Vitamin-C-Tabletten.

Lieblingsplatte auflegen. Den Körper mit einem frischen Eau de Toilette einsprühen.

Waschbecken mit warmem Wasser füllen. Bei empfindlicher Haut eine Peelingmaske auflegen. Sonst das Gesicht, Hals und Dekolleté mit einem Rubbelschwämmchen (Beauty Pad) und Lavol mit kreisenden Bewegungen massieren.

Mit dem warmen Wasser *gut* abspülen. Die Peelingmaske natürlich vorher abziehen. Mit einem Handtuch trockentupfen.

Regenerationsampulle auf Gesicht und Hals verteilen, sanft einklopfen. Dekolletécreme mit kreisenden Bewegungen auftragen.

Die Tagespflege mit Akupressurmassage auf dem Gesicht verteilen. Das übliche Make-up auftragen. Nicht zuviel, denn das
macht älter. Ich habe die besten Erfahrungen mit der Reform-
hauskosmetik von Annemarie Börlind gemacht. Meine Haut ist
dadurch so optimal in Form, daß ich auf schweres Make-up
verzichten kann.

Schönheit von innen

Egal, wie schön, glatt oder jung man ist oder aussieht, all dies ist für die Katz, wenn das persönliche Erscheinungsbild nicht von innen erfüllt ist. Schönheit von innen bekommt man nicht nur durch Vitamine und Mineralien; wie könnte es sonst angehen, daß wir Frauen manchmal auch kleine, dicke Männer attraktiv finden oder auch viele Männer Meryl Streep schön finden. Es ist das Interesse am Leben, das diese Menschen auszeichnet.

Uninteressierte Menschen sind Langweiler. Man sieht sie auf Laufstegen, in der Politik, am Strand oder täglich in der U-Bahn. Sie alle haben eines gemeinsam: das ausschließliche Interesse an sich selbst. Es besteht hauptsächlich darin, alles von sich fernzuhalten, was sie von ihrem kleinen, ängstlichen Weg abbringen könnte. Es ist der Weg des kurzsichtigen Egoismus.

Für viele ist es immer noch irritierend und Mißtrauen erregend, wenn sich jemand für andere interessiert. Doch der gebende Egoist hat eben so viel, daß er nicht alles für sich selbst braucht. Er ist durchlässig, offen für Information und hat uneitle Freude an der eigenen Begabung. Besonders an guten Handwerkern, die mit wahrer Zen-Konzentration eins mit ihrem Handwerk werden, kann man das studieren. Aber auch bei stillenden Müttern, die ihre Liebe verströmen. Es ist ein Austausch von Nehmen und Geben.

Ich hatte das Glück, ein paar großen gebenden Menschen zu begegnen. Der Regisseur Jean Renoir, Sohn des berühmten Malers Auguste Renoir und eine legendäre Figur des französischen Films, war siebzig Jahre alt, als ich ihn mit Achtzehn kennenlernte. Er wurde ein echter Freund. Das war in den frühen sechziger Jahren. Lange bevor das breite Publikum die Beatles entdeckte, machte er mich mit der Musik und der Bewegung, die sie repräsentierten, bekannt. Er war einfach interessiert und spürte den Puls der Zeit. Nicht um jung zu wirken, das hatte er nicht nötig, denn es war etwas Ewiges in ihm.

Nach einigen Jahren der Freundschaft aßen wir einmal zusammen in seinem Haus und betrachteten, wie oft, den Sonnenuntergang. Ich fühlte, daß auch seine Sonne irgendwie unterging, und als ich ihn ansah, sagte er lächelnd, als hätte er meine Gedanken erraten: »Wenn man jung ist, bereitet man sich auf das Leben vor und im Alter aufs Sterben. Ich bereite mich darauf vor.« Wie schön er begriff und lebte.

Ein positives Zeichen des Erwachsenwerdens ist ein offenes Interesse an anderen. Viele Menschen sind so gräßlich egoistisch, andere tun angeblich alles nur für ihre Mitmenschen. Beide sollte man meiden und beides an einem selber abzuschaffen versuchen. Leicht ist es nicht, aber es lohnt sich. Vielleicht ist es Ihnen schon einmal aufgefallen, wie angenehm Menschen sind, die humorvoll mit sich selbst umgehen können. In den Schulen begegnen einem manchmal solche Lehrer. Da sind die Schüler dann plötzlich gut, und der Lehrer oder die Lehrerin wird geliebt.

Eine Frau wird erst schön durch die Liebe?! Ist damit wirklich nur der Mann gemeint? Nichts gegen die Männer, aber lieben kann man auch ein Buch, ein Gemälde, eine gutes Essen, eine

Ausstellung, eine alte Frau, der man über die Straße hilft. Die Aufnahmefähigkeit für Dinge und Ereignisse strahlt nach außen. Die Aufnahmefähigkeit anderen Menschen gegenüber und dem, was sie tun. Das ist das, was ich mit Schönheit von innen meine.

Akupressur
und äußerliche Behandlung der Haut

Die glatte Haut der Japanerin soll in ihrem Wissen über die Behandlung der Akupressurpunkte begründet liegen. Westliche Anhänger der Akupressur sehen in ihr ein »Vorbeugen des Face Lift«. Die Effektivität der Akupressur zur Straffung des Gewebes ist für viele unbestritten. Ich glaube, daß die Mischung vitale Ernährung – positive (realistische) Einstellung – optimale Kosmetik und tägliche Akupressurbehandlung als Routine dafür sorgt, die Haut bis zum Tode möglichst »nah bei sich« zu halten. Akupressur in Verbindung mit optimaler Kosmetik ist eine leicht realisierbare Eigenbehandlung, die nichts kostet außer etwas Zeit. Die einzige Schwierigkeit der Akupressurbehandlung liegt im Finden der richtigen Punkte, die natürlich bei jedem Gesicht etwas anders liegen. Es verlangt Konzentration und »Fingerspitzengefühl«. Die Finger werden jedoch nicht direkt verwendet, sondern ein abgerundeter Stift. Das kann das Holzende eines großen Make-up-Pinsels sein oder ein Wattestäbchen oder – das finde ich am besten – das Gummiteil des Tropfers von einer kleineren Flasche (Nasentropfen u.ä.).
Als Bestandteil der morgend- und abendlichen Pflegeroutine verdoppelt sich die Wirkung einer guten Kosmetik. Ich verwende seit zehn Jahren eine hervorragende Kosmetik aus dem Reform-

haus und statt Make-up eine spezielle Lotion aus Amerika. Meine Pflege beansprucht insgesamt (ohne Gymnastik) vierzig Minuten, auf Morgen und Abend verteilt. Mehr muß nicht sein, sonst wird's mühsam und unverhältnismäßig. Die Kosmetik meines Programms besteht aus Reinigungsmilch, Gesichtswasser, Gel, Creme und gelegentlich Ampullen.

Zuerst fülle ich das Waschbecken mit warmem bis heißem Wasser (nicht bei geplatzten Äderchen). Das Gesicht wird mit Reinigungsmilch eingerieben, sanft von oben und unten in Richtung Ohr. Mit den Händen das Wasser schöpfend, wird das Gesicht und der Halsansatz mit dem Wasser gespült, dreißigmal. Ich finde das warme (heiße) Wasser in Kombination mit den Präparaten sehr effektiv. Die Haut wird durchblutet, gereinigt und belebt. Nun das Gesicht mit dem entsprechenden Gesichtswasser kurz abreiben. Jetzt ist die Haut aufnahmebereit für die Wirkstoffe, nicht wenn sie schlaff und kalt ist! Zuerst tränke ich das Gesicht mit einem Gel. Vor allem jene Partie zwischen Gesicht und Hals, die oft sehr häßlich und schlaff wird, da die richtige Behandlung fehlt. Jetzt wird die Tages- oder Nachtcreme eingetupft, wo nötig, und sanft gecremt, ohne die Haut zu verzerren. Dann tauche ich den sauberen Akupressurstift in die Creme und massiere die Akupressurpunkte, bis es warm wird. Ganz zuletzt wird das Gesicht mit kaltem Kosmetikschwämmchen noch ein wenig geschlagen.

Das Erfühlen der Akupressurpunkte dauert etwas, aber ein Treffer macht sich sofort bemerkbar.

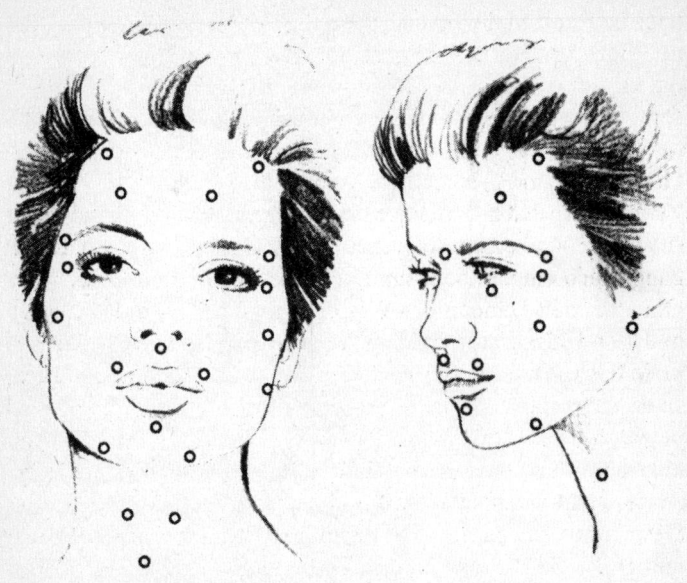

Auf die Akupressur sollte bei folgenden Beschwerden *verzichtet* werden: Neuralgien, Zahnschmerzen, Vereiterungen jeder Art. Die Akupressur ist natürlich in Zusammenhang mit einer Akupunkturbehandlung besonders effektiv. Wer Zeit und Geld ausgeben will, um sich intensiver behandeln zu lassen, wendet sich an die

DEUTSCHE AKADEMIE FÜR AKUPUNKTUR
PAPPENBÜTTELER HAUPTSTRASSE 11 A
2000 HAMBURG 76.

Gymnastik

Die Gymnastik sollte sein wie das Anspringen eines Motors. Meine Übungen mache ich täglich seit Jahren, außer während einer Grippe. Inspiriert hat mich nicht Jane Fonda (nichts gegen sie!), sondern meine Oma. Sie ging aufrecht durch die Turbulenzen ihres Lebens (zwei Weltkriege) und hatte, seit ich sie kannte, Taillenweite 59, war aber nicht dünn, sondern »griffig«. Jeden Morgen machte sie vor offenem Fenster fünfzehn Minuten Gymnastik, manchmal zu klassischer Musik. Mit 60 heiratete sie zum zweiten Mal, und ich habe mit Rührung beobachtet, wie die beiden eleganten Herrschaften ihre Gymnastik zusammen machten. Ich war als Kind eine Ballettratte und habe viele verschiedene Arten von Gymnastik ausprobiert. Schließlich aber bin ich auf das zurückgekommen, was meine Oma ihr Leben lang aufrecht erhielt. Ich habe mein Programm so gestaltet, daß es auf engstem Raum ohne modisches Zubehör ausgeführt werden kann. Je nach Stimmung übe ich bis zu 25 Minuten, aber nie weniger als 15. Musik nach Belieben. Der Grund, warum ich nie nach Kassetten turnen konnte, liegt hauptsächlich darin, daß ich ab dem fünften Tag dieselbe Stimme und Musik nicht mehr ertragen kann! Ich reagiere allergisch, wenn ich zum hundertsten Mal »Fühlt ihr euch gut?« höre. Ich habe festgestellt, daß man sich zu gewisser klassischer Musik hervorragend »anwerfen« kann. 1984 habe ich eine Aerobic-Lehrerin gespielt und stellte fest, daß die Kondition durch meine Übungen so gut war, daß ich sechs Stunden ohne Schwierigkeiten aerobic-turnen konnte. Allerdings standen am nächsten Tag meine Waden in Flammen! Mit einer vitalen Ernährung und etwas Gymnastik ist es kein Problem, von sechs Uhr morgens bis abends verschiedenen Tätigkeiten nachzugehen (z.B mit dem Fahrrad als Transportmittel zum Einkaufen). Je mehr Bewegung, um so mehr Energie!

Wann nicht geturnt werden darf
An sich signalisiert einem das der Körper rechtzeitig, und man entwickelt ein Unterscheidungsvermögen zwischen Faulheit und Schwäche. Wenn Schwäche durch niedrigen Blutdruck entsteht, so ist eine Atemgymnastik das optimale Mittel. Anders verhält es sich bei *Grippe und Erholungsphase, Zahnschmerzen, extremem Übergewicht, Herzschwäche, Lungenerkrankungen, Anämie, erhöhtem Blutdruck.*
Menstruation ist kein Grund, nicht zu üben. Es zeigt sich immer wieder, daß sich speziell bei Yoga Periodenbeschwerden lindern.

Die Vorteile der Gymnastik
Weit über einen vitalen, attraktiven Körper gehen die Vorteile der Gymnastik hinaus:
* *Verbesserung des Hautbildes*
* *Entsäuerung*
* *Die vitalen Organe werden angeregt*
* *Die Nieren entlastet*
* *Entgiftung*
* *Der Serotoninspiegel erhöht sich* (siehe Neutrotransmitter, Kapitel »Ernährung und Befindlichkeit«).

Selbst wenn Sie sechzig sind, können und sollten Sie tägliche Übungen machen. Langsam und beständig erhöhen sich die Fähigkeiten. Dehnen und atmen ist meiner Meinung nach besser als hüpfen. Stimmen Sie sich mit Ihrem Körper ein. Werden Sie Freunde – es ist der einzige Freund, den Sie »auf immer« haben werden.

Stellen Sie sich aufrecht hin, die Füße dabei auf Schulterbreite auseinander. Dann stoßen Sie die Arme mit gestreckten Fingern in die Höhe. Bleiben Sie einen Moment in dieser Haltung, und beugen Sie dann den Oberkörper mit gestreckten Armen vor, bis ihre Hände den Boden berühren, und stoßen Sie dann die Arme, so weit Sie können, durch Ihre geöffneten Beine. Wenn Sie in dieser »anstrengenden« Haltung bis drei gezählt haben, dürfen Sie sich wieder aufrichten.

215

Gehen Sie in die Grundstellung von Übung 1. Falten Sie jetzt Ihre Hände hinter dem Rücken, und beugen Sie sich so weit wie möglich nach hinten. Die Arme müssen dabei gestreckt bleiben. Dann beugen Sie sich vor, so tief es geht, und heben dabei die Arme so hoch, wie Sie es schaffen. Zählen Sie in dieser Haltung im Rhythmus Ihres Atems bis fünf. Anschließend beugen Sie sich wieder weit zurück und zählen noch einmal bis fünf.
Wenn Sie es schaffen, können Sie diese Übung fünfmal wiederholen.

(Zeichnung rechte Seite, unten)
Legen Sie sich flach auf den Boden, die Beine gerade, die Arme schräg nach hinten gestreckt. Jetzt richten Sie sich mit gestreckten Armen auf und öffnen die Beine. Dann beugen Sie den Oberkörper – die Arme bleiben gestreckt – so weit wie möglich vor. Einatmen beim Zurücklegen, ausatmen beim Vorbeugen.
Sie können diese Übung bis zu dreißigmal machen, aber überanstrengen Sie sich nicht. Es geht jeden Tag ein Stückchen weiter, und schon bald werden Sie merken, wie sich Rücken, Po und Oberschenkel straffen.

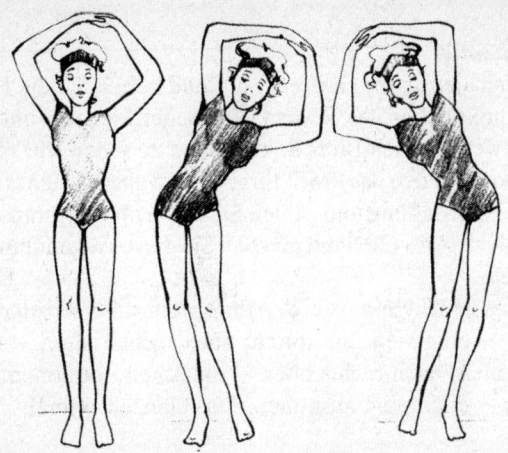

Stellen Sie sich wieder aufrecht hin, die Füße schulterbreit auseinander. Jetzt falten Sie die Hände über dem Kopf, die Ellbogen bleiben entspannt. Mit gestrecktem Oberkörper beugen Sie sich nun, so weit es geht, nach rechts. Zählen Sie im Rhythmus Ihres Atems bis drei, dann folgt dieselbe Übung zur linken Seite.

Wiederholen Sie die Übung in jede Richtung zehnmal.

Augengymnastik

Setzen Sie sich entspannt aufrecht hin und heben Sie die Hände rechts und links neben das Gesicht. Versuchen Sie jetzt, ohne den Kopf zu bewegen, nach Ihrer linken Hand zu sehen. Ihr rechtes Auge muß dabei noch das Profil Ihrer Nase wahrnehmen. Halten Sie diese Augenstellung und zählen Sie dabei im Rhythmus Ihres Atems bis acht. Anschließend machen Sie diese Augenübung zur rechten Seite.

Dann geht es im Rhythmus Ihres Atems weiter. Sie schauen nach links oben — einatmen, ausatmen; nach rechts unten — einatmen, ausatmen; nach rechts oben — einatmen, ausatmen; nach links unten — einatmen, ausatmen. Das Ganze achtmal.

Atemgymnastik –
die ideale »Zwischendurch-Bewegung«

Daß die meisten Menschen nicht richtig atmen, wird Ihnen jeder Masseur bestätigen. Verspannungen von Brust- und Rückenmuskulatur sind ein Ergebnis davon. Viele atmen zu flach, das heißt, sie beanspruchen nur einen Teil der Lungenkapazität. Probieren Sie aus, was für ein angenehmes Gefühl sich einstellt, wenn Sie ganz tief einatmen und dann langsam die Luft wieder aus Ihren Lungen lassen. Ich finde, das Gefühl ist mit dem nach einem Bad zu vergleichen, man fühlt sich frisch und wohlig. Tief durchatmen hilft auch, die geistigen Kräfte zu sammeln und sich wieder zu konzentrieren. Eine ideale Form von einfacher Atemgymnastik für alle, die einen ganzen Tag lang an ihrem Schreibtisch oder ihrer Schreibmaschine sitzen müssen.

Gähnen
Das ist ebenfalls eine gute Atemgymnastik. Wenn Sie morgens aufwachen, sollten Sie mehrmals ganz bewußt kräftig gähnen. Ziehen Sie dabei, bei geöffneten und hochgestreckten Armen, tief Luft ein, bis hinunter in Ihre Lungenspitzen, und pressen Sie beim Ausatmen die Arme angewinkelt an den Körper. Gähnen ist zwar nicht fein, und Sie müssen es ja auch nicht unbedingt in der Straßenbahn oder im Großraumbüro praktizieren. Aller-

dings sollten Sie diese Gähn-Übung nicht nur auf den Morgen beschränken, sondern sie mehrmals am Tag machen. Auch sie ist eine Form des Durchatmens, die zu neuer geistiger Frische und Konzentrationsauffrischung führt. Beide Übungen, sowohl das Durchatmen wie auch das Gähnen, haben natürlich nur dann Sinn, wenn Sie es bei zumindest halbwegs frischer Luft machen. An Smog-Tagen oder bei Zigarettendunst verzichten Sie besser darauf.

Lachen

Ja, lachen Sie ruhig – auch Lachen ist eine hervorragende und vor allem völlig natürliche Atemübung. Lachen lockert das Zwerchfell, und diese Entkrampfung ist weit mehr wert als die Gefahr des Auftauchens von Lachfältchen. Böse Zungen behaupten, daß Schauspielerinnen aus lauter Angst vor diesen Fältchen oft so humorlos sind, daß sie sich nur gelegentliches, sehr gedämpftes Lächeln gestatten, das nicht bis zu ihren Augen reicht. Also ich habe mich daran nie gehalten. Was wäre das Leben, wenn wir nicht mehr lachen könnten. Und – jenseits aller Atemgymnastik – wir sollten alle dafür sorgen, daß wir zumindest gelegentlich Grund dazu haben. So traurig kann kein Leben sein, daß es nicht gelegentlich auch etwas zum Lachen gibt.

Das Telefonbuch auf dem Bauch

Eine weitere Möglichkeit, Atemverspannungen zu beseitigen und verbrauchte Luft aus der Lunge zu bekommen, ist gleichermaßen einfach wie effektiv: Legen Sie sich flach auf den Rücken – am besten auf den Fußboden – und stützen Sie Ihren Nacken und die Kniekehlen durch untergeschobene, flache Kissen ab. Dann legen Sie ein schweres Telefonbuch oder Lexikon auf Ihren Bauch und atmen tief und gründlich aus. Drücken Sie dabei auf das Telefonbuch oder Lexikon, damit das Zwerchfell in Richtung Brustkorb gedrückt wird. So können Sie Ihre Lunge gründlich »säubern« und haben noch den angenehmen Nebeneffekt, etwas für Ihre Bauchmuskulatur zu tun.

Positives Denken durch Atmen unterstützen

Warme Sommerwiesen, würziger Waldboden oder weiche Sandstrände sind ebenfalls ideale »Matten«, um darauf Atemgymnastik zu betreiben. Legen Sie sich bäuchlings hin, den Kopf auf die Unterarme gebettet, und atmen Sie tief und regelmäßig aus und ein. Versuchen Sie sich dabei auf den Geruch des Bodens zu konzentrieren oder auf den angenehmen Körperkontakt, den Ihnen dieser Boden verschafft. Stellen Sie nach und nach alle Gedanken an Ihre Alltagssorgen und Probleme ab, konzentrieren Sie sich auf Ihren Geruchssinn und – das ist sehr wichtig – auf Ihr Atmen. Sie werden dabei feststellen, daß Ihnen Ihr Atem vorkommt wie die Wellen des Meeres. Ein gleichmäßiges Kommen und Gehen. So können Sie *hören*, wie Sie leben. Es wird Ruhe in Ihren Körper einkehren, er läßt »locker«, Verspannungen geben nach ... auch aufgrund Ihrer Gedankenkraft, die in solchen Momenten des totalen Abschaltens von nichts Negativem und Unnötigem beeinflußt wird.

Nicht auf die Quantität kommt es an

So wie Sie bei Ihrer Nahrung anspruchsvoll und wählerisch sein sollten, was deren Qualität betrifft, so sollten Sie es auch bei dem »Material« sein, das Sie für Atemgymnastik brauchen: der Luft. Machen Sie Ihre Spaziergänge nicht in der Nähe von verkehrsreichen Straßen; lüften Sie Ihre Wohnung durch, bevor Sie Gymnastik und Atemgymnastik machen. Halten Sie sich nicht länger in rauchverpesteten Lokalen auf als unbedingt notwendig. Und wenn doch, weil Sie sich in einer Runde Menschen befinden, die Sie mögen, und weil Sie vielleicht auch nicht als zimperlich abgestempelt werden möchten, dann tun Sie Ihrem Körper und Ihren Lungen wenigstens vor dem Schlafengehen oder spätestens am nächsten Morgen etwas Gutes, indem Sie ihnen die Luft zuführen, die sie brauchen, um gesund und voller Spannkraft zu bleiben. Ja selbst wenn Sie jetzt noch Raucherin oder Raucher sind (es wird der Moment kommen, wo Ihr Kopf und Ihr Wille über die Sucht siegten!), geben Sie Ihren Lungen wenigstens zwischen den Rauch-Attacken Gelegenheit, sich an den Stoff zu erinnern, den sie zu atmen bekamen, als Sie Ihrem Körper noch näher waren: frische Luft.

Biorhythmus –
das ständige Auf und Ab in unserem Leben

Wir alle haben es schon an uns selbst erfahren: Es gibt Tage, da geht alles schief. Was wir auch anfassen, »die Tücke des Objekts« richtet sich gegen uns. Es sind die Tage, an denen uns teure Vasen oder Teller aus den Händen gleiten, Schnürsenkel reißen, Geldbörsen in Telefonzellen vergessen werden und Streit – meist vollkommen überflüssig – mit den liebsten Menschen, die wir haben, vom Zaun gebrochen wird. An anderen Tagen läuft alles glatt: Wildfremde Menschen lächeln uns auf der Straße freundlich zu, die Marktfrau schenkt uns einen Blumenstrauß, weil wir doch schon so lange Stammkunde sind, es kommt ein unerwarteter Brief von Freunden, die wir schon »abgeschrieben« hatten – die Sonne scheint, selbst wenn es regnet. Zufall? Nein, ganz bestimmt nicht. Alle diese positiven oder negativen Ereignisse haben durchaus auch etwas mit uns selbst zu tun, mit dem Verlauf unserer Biorhythmus-Kurven. Sie sind dafür verantwortlich, in welchem körperlichen, seelischen und geistigen Zustand wir uns befinden.

Zum besseren Verständnis zitiere ich mit Erlaubnis des Biorhythmus-Experten Hans-Peter Jenssen aus dessen Buch »Mein Biorhythmus für das ganze Leben« (das inzwischen zu meinem ständigen Lebensbegleiter geworden ist):

»Vor rund 80 Jahren entdeckte der Berliner Sanitätsrat Dr. Wilhelm Fließ aufgrund der Krankengeschichte seiner Patienten übereinstimmende Rhythmen: Krisen im Krankheitsverlauf, selbstverschuldete Unfälle, Komplikationen nach Operationen, Selbstmordversuche – das alles trat verstärkt, und zwar so deutlich verstärkt an bestimmten Tagen auf, daß sich daraus ein biologischer Rhythmus, ein Biorhythmus ablesen ließ: Wie das Wechselspiel von Tag und Nacht gibt es Aktiv-Phasen und Erholungsphasen für die körperlichen, seelischen und geistigen Kräfte. Und zwar sind die unterschiedlich lang:

Elfeinhalb Tage lang sind die Körperkräfte ›oben‹, das heißt aktiv und besonders belastbar. Anschließend brauchen sie ebenfalls elfeinhalb Tage zur Erholung. In diesem Zeitraum sind sie anfälliger, labiler, ermüden rascher – sind eben ›unten‹, unterhalb der normalen Leistungsfähigkeit. Nach 23 Tagen beginnt das Auf und Ab wieder von vorne.

14 Tage lang befinden sich die seelischen Kräfte in der ›Tag-Phase‹: Man ist entsprechend ausgeglichen, heiter, optimistisch – und vermag auch einiges einzustecken. Nach diesem Zeitraum sinkt die Kurve für weitere 14 Tage in die ›Nacht-Phase‹ ab: Das ist dann die Zeit der Regeneration, der Erholung, der Gesundung.

Dr. Fließ stellte nun fest, daß es in diesem ständigen Aufsteigen und Absinken jeweils zwei kritische Augenblicke gibt: Immer dann, wenn eine der Kurven vom ›Tag‹ in die ›Nacht‹ oder umgekehrt von der ›Nacht‹ in den ›Tag‹ überwechselt. Normalerweise merkt man nichts davon, doch im Falle einer Krankheit oder bei übermäßiger Belastung kann das gefährlich werden. Jeweils am 12. und am 24. Tag befindet sich der Mensch in einer kritischen körperlichen Verfassung. Nahezu alle Herzinfarkte, um nur ein Beispiel zu nennen, ereignen sich an einem solchen

Krisentag. Die kritischen Augenblicke für die seelischen Kräfte wiederholen sich an jedem 15. und 29. Tag. In solchen Augenblicken häufen sich Zerwürfnisse und, bei entsprechender Veranlagung, Selbstmordversuche. Besonders kritisch kann es werden, wenn beide Sinus-Kurven gleichzeitig die Null-Linie schneiden oder sich in der Null-Linie kreuzen.

Dr. Wilhelm Fließ hatte seine Entdeckung kaum veröffentlicht, als sich aus Wien der Psychologe Hermann Swoboda meldete. Er war völlig unabhängig – und ohne von den Forschungen in Berlin etwas zu ahnen – auf dieselben Rhythmen gestoßen: Körperkurve 23 Tage, Seelenperiode 28 Tage. Die beiden Wissenschaftler gerieten sich in die Haare, weil jeder glaubte, der andere hätte ihm seine Entdeckung gestohlen.

Es dauerte fast dreißig Jahre, ehe der Innsbrucker Forscher Dr. Friedrich Teltscher bei der Beobachtung der geistigen Leistungsfähigkeit seiner Studenten einen dritten Rhythmus entdeckte: Das Auf und Ab der Geisteskräfte innerhalb von 33 Tagen. 16 ½ Tage lang ist der Mensch besonders spritzig, einfallsreich, reaktionsschnell. Danach braucht er eine ebenso lange Pause der Sammlung, des Aufbaus. Die Krisentage für die Geisteskräfte wiederholen sich am 17. und am 34. Tag. In solchen Momenten macht man mehr Fehler als sonst. Dazu zählen besonders auch Fehleinschätzungen und verzögertes Reagieren im Straßenverkehr.

Damit war nun das geboren, was man heute als Biorhythmus oder auch als Biorhythmik bezeichnet: Im Augenblick der Geburt eines Menschen, mit seinem ersten Atemzug, beginnen die drei verschieden langen Sinus-Kurven zu laufen, um fortan stets neue Kombinationen zu bilden. Erst nach 21 252 Tagen, also nach ca. 58 Jahren, treffen sie sich wieder, wie am Tage der Geburt, gemeinsam am Ausgangspunkt.

Diese Kurven laufen für alle Menschen gleich. Das ist inzwischen hundertfach belegt worden. Sie stimmen.

Den berühmten Professor Dr. Ferdinand Sauerbruch hat man noch nachsichtig belächelt, wenn er für besonders schwierige Fälle vor der Operation die Biorhythmen berechnen ließ: ›Laßt ihm doch seine Spinnerei!‹ Doch der Erfolg gab ihm recht: Er konnte die Rate der Komplikationen deutlich senken.«

Soweit Hans-Peter Jenssen, der mit seinem Buch zum erstenmal kompliziertes Rechnen überflüssig macht, weil der Verlauf aller drei Kurven in seinem Buch überschaubar gemacht wurde. Sie können Ihren ganz persönlichen Kurvenstand, also Ihren Körper-, Seelen- und Geisteszustand, darin nachlesen wie in einer Mehrwertsteuertabelle. Mich hat dieses Biorhythmus-System restlos überzeugt, nachdem ich es in einer Zwei-Monats-Phase – nachträglich – überprüft habe: Eine schwere Grippe und ein äußerst schmerzhafter Kiefer-Abszeß überfielen mich während eines körperlichen Tiefs. Die Kieferbehandlung ließ ich während des darauffolgenden geistigen Hochs machen, und ich hatte dabei nicht die geringste Angst (was wirklich verwunderlich ist, denn erstens gehe ich – wie die meisten Menschen – nicht gerade mit einem Liedlein auf den Lippen zum Zahnarzt und zweitens ist eine Kieferoperation weit weniger harmlos als eine Blombenbehandlung). Es hat auch immer geklappt, wenn ich meine beruflichen Termine und auch Dinge, die für mein Privatleben wichtig waren, auf sogenannte »gute« Tage gelegt habe.

Ein besonders wichtiger Aspekt an diesem System, das ja nichts anderes signalisiert, als mit und nicht gegen seinen »inneren« Rhythmus zu leben, ist die Partnerschaftsfrage. Menschen, deren Biorhythmen nicht harmonieren, werden wahrscheinlich niemals auf »einen grünen Zweig« miteinander kommen. Stellen Sie sich vor, Ihr Partner ist genau an den Tagen körperlich fit und schlägt

Wanderungen oder Bergtouren vor, an denen Sie müde und schlapp herumhängen. Oder Sie haben Lust auf nächtelange Diskussionen, sind informationshungrig und wollen hochgeistige Vorträge hören, wenn die Geisteskurve Ihres Partners ausgerechnet am Boden ist. Der Streit und das Nichtverstehen ist (bei einer Ehe womöglich lebenslang) vorprogrammiert. Vielleicht wäre es künftig gar nicht schlecht, wenn sich Paare weniger nach astrologischen Aspekten des Zusammenpassens als nach denen des Biorhythmus orientierten.

Noch eine Tatsache, die mir die Stimmigkeit der Biorhythmuskurven beweist: Experten sagen, daß Kinder zumindest eine der drei Kurvenverläufe parallel laufend zu der des Vaters oder der Mutter haben. Ich habe zum Beispiel eine sehr starke geistige Beziehung zu meiner älteren Tochter; wir sind, wie man so schön sagt, ein Herz und eine Seele, streiten uns so gut wie nie. Das höchste an Unstimmigkeiten sind kleine Reibereien, die aber eher darauf zurückzuführen sind, daß ich aufgrund meiner Lebenserfahrung Dinge gelegentlich etwas anders sehe. Aber auch in solchen Situationen sind wir sehr schnell wieder auf derselben »Wellenlänge« (dieses Bild scheint mir direkt von den Biorhythmuskurven zu kommen). Meine jüngere Tochter hingegen scheint einen konträr verlaufenden Biorhythmus zu haben. Unsere Beziehung ist emotional aufgeladen, wir gehen uns sehr schnell unter die Haut und bringen uns beide ebenso schnell zum Siedepunkt. Was uns aber alle drei verbindet, ist der uns eigene Humor. Er hat sich in unserem engen Zusammenleben entwickkelt und ist unsere ganz persönliche Spezialität. Er reicht über alle Biorhythmen hinweg und läßt uns Brücken schlagen, wo es unsere verschiedenen Lebenstemperamente notwendig machen. Die Erfahrung hat mir persönlich in meinem Berufsleben gezeigt, daß ich kurz vor meiner Periode keine Fotos von mir machen lassen sollte. Sie gefallen mir nicht – ich sehe anders, fremd darauf aus. Die Biorhythmen sind auch Perioden. Sie zu kennen und sich darauf einzustellen ist ein Teil unserer Körperharmonie.

Positives Denken

Bitte nehmen Sie nicht an, ich sei vermessen genug, Ihnen eine »Denklehre« erteilen zu wollen. Während ich mich in allen anderen Kapiteln als Mittlerin von Wissen und Informationen sehe, handelt es sich hier um eine ureigenste Erfahrung, ohne die ich vielleicht gar nicht mehr leben würde. Das klingt sehr dramatisch, ich meine den Unterschied zwischen lebensmüde und Lebensfreude. Der Lebensmüde wartet auf Situationen, die seine Einstellung bestätigen (Krankheit, lebensbedrohliche Situationen, Betrug usw.). Der Lebensfreudige formt das Gegenteil. Bob Dylan schrieb in einem seiner guten frühen Lieder: »Der sich nicht mit dem Leben betätigt, betätigt sich mit dem Sterben.«

Die Änderung von Negativ zu Positiv ist eine Frage der Einsicht und des Handelns. Das positive Denken wird allzu oft mit dem Abdecken aller Aspekte der Realität verwechselt. Diese Art Positivismus ist höchstens ein Wegbereiter für Magengeschwüre.

Mein Mann sieht keine andere Frau an!

Das Leben ist herrlich!

Der Wald stirbt nicht!

Der irreale Optimismus ist der Feind des positiven Denkens.

Wir Mitteleuropäer wissen um die Folgen dieser Denkweise im Bereich der Ökologie. Erst jetzt, wo die Katastrophen als Tatsachen zu erkennen sind, ist eine positive Änderung tatsächlich möglich. Nur irreale Pessimisten sehen dies nicht ein.

Ob Katastrophen auf ökologischer oder privater Ebene, das »Annehmen« ist der allererste Schritt. Jetzt sind aber Menschen in vertrackten Situationen Meister auf dem Gebiet des »Nichtannehmens«, des »Nichtzugebens«. Ich war auch Weltmeisterin darin und denke, daß sich vielleicht einige in meiner Geschichte ein bißchen wiederfinden.

Es gibt Ereignisse, die sich als dramatischer Tiefpunkt, als plötzlicher Schicksalsschlag darstellen. Scheidungen, Verluste materieller Art, Trennungen. Sobald so etwas eingetroffen ist, zeigt sich der Wahrheitsgehalt solcher Sätze: »Ein Schaden kommt selten allein«, »Wer den Schaden hat, braucht für den Spott nicht zu sorgen« usw.

So etwas traf mich aus scheinbar heiterem Himmel. Meine Kinder, das einzige in meinem Leben, was ich ohne Mißtrauen liebte, wurden mir auf recht tückische Art von dem Vater und seiner neuen Frau weggenommen. Das tat so weh, daß ich mechanisch alle Gefühle abstellte. Statt den Schmerz wollte ich lieber gar nichts fühlen und legte mir eine Hippie-Philosophie zurecht, daß wir in unserer Seele unzertrennlich sind, und dies entband mich wirklicher Taten. Mit einer gelähmten, negativen Träumerin läßt sich nur bedingt arbeiten, und so kamen recht bald finanzielle Schwierigkeiten hinzu. Selbstverständlich, wie üblich bei Personen des öffentlichen Interesses, wurde mein Schicksal, mehr oder weniger ernsthaft, in der Presse bis zum Erbrechen besprochen, und so gesellte sich zu den Schmerzen meiner Hilflosigkeit auch noch oft der Stachel einer ignoranten Beurteilung. Private Mißverständnisse mit dem Vater und der

Stiefmutter brauche ich hier nicht zu erwähnen, es wäre indiskret und ist überflüssig, jeder weiß von sich selbst, wie gemein man zu ehemals geliebten Menschen sein kann. Als ich richtig unten war (kein Geld, schlechte Beziehungen, Lebensunlust), beschloß ich, mein Leben zu ändern. Ich war sicher, daß ich aus meinen Erfahrungen genug gelernt haben mußte, um mich da selbst wieder herauszukriegen.

Ich habe nach dem Entschluß, nach einer wirklichen Konfrontation mit mir selbst, nicht mehr lange gebraucht, um meine Situation zu ändern.

Ungefähr sieben Jahre. Ich meine dies nicht ironisch. Sieben Jahre für eine verläßliche Einstellung, die aus Negativ Positiv machen kann, ohne dabei zu retuschieren, ist nicht lang.

Eine lähmende und scheinbar erstarrte, verhärtete Situation zu verändern ist keine äußerliche Korrektur (Scheidung, neue Frisur o.ä.), sondern ein schmerzlicher Prozeß, eine Forderung an sich selbst. Die Forderung heißt: »Gib doch zu, daß du selber auch ein Täter bist.« Kein schuldloses Opfer, ein Mit-Täter. Aus der Psychoanalyse kennt man diese Vorgänge.

So mußte ich mir selber ins Gesicht sehen und in meinem Herzen all die kleinen Wahrheiten finden, die ich so sorgfältig vor mir verstecken wollte.

Bei vielen Eingeständnissen konnte ich sagen: »Ich bin nicht schuld, die Weichen haben andere gestellt.« Aber ich mußte mir antworten: »Damals schon, aber jetzt?« Selbstmitleid macht inaktiv und ist daher selbstzerstörerisch. Langweilig für andere und tödlich für einen selbst.

Ich entschied mich, meine Weichen anders zu stellen und an dem zu arbeiten, was mir täglich zur Verfügung stand. An mir selbst. Ich mußte erst mal akzeptieren, daß ich (schon 29) immer noch ein mißtrauisches, ängstliches Kind war, das durch diese Ängstlichkeit das verursacht hatte, wovor ich am allermeisten Angst gehabt hatte – den Verlust der Kinder.

Ich machte eine grafische Aufteilung meiner Probleme.

Es ist seltsam, wie klein große Probleme auf Papier aussehen...

Meine Liste sah ungefähr so aus (ich mache solche Listen immer noch, es macht alles greifbar und überschaubar):

Ziel – Was willst du erreichen?

Eine Lebenssituation schaffen, in der sich eine innerliche, kraftvolle Harmonie auch materiell spiegelt.

Das bedeutet – Geld verdienen. Man braucht sich nichts vorzumachen, Geld ist notwendig, aber nur positiv verwendbar, wenn es in einem ausgeglichenen Verhältnis zum inneren Reichtum steht.

In meiner Situation mußte ich erst mal akzeptieren lernen und mir nicht immer den Kopf an einer vorerst unabänderlichen Situation einschlagen. Sonst würde ich nie Ruhe und Verläßlichkeit ausstrahlen.

1. Warum bist du so ängstlich und mißtrauisch?
2. Akzeptiere, daß die Kinder von dir getrennt sind.
3. Die Vorteile an dieser Situation erkennen (nichts ist nur schlecht oder gut).
4. Aktiv an diesen Vorteilen arbeiten, so daß auch Vater und Stiefmutter davon profitieren – wenn sie können.
5. Keine Beziehungen aufrechterhalten, die eine Form des Kinderersatzes darstellen (Ersatz für Verlust).
6. Mit Hilfe von echten Freunden an der Entwirrung meiner Person arbeiten (danke, Elisabeth).
7. Welche Vorteile hat es, Christine Kaufmann zu sein? (Die

Nachteile waren bis dahin das einzige, was ich sah.) Und wie kannst du damit umgehen?

8. Was kannst du und womit könntest du Geld verdienen, wenn dein Hauptberuf nicht klappt?
9. Welche tägliche Disziplin macht deinen Körper zu einem zuverlässigen Mitarbeiter deiner geistigen Vorstellungen?

Schritt für Schritt und tagtäglich entwarf ich einen Plan zur positiven Änderung meiner Lebenssituation. Ich machte jeden Tag körperliche und geistige Gymnastik. Fing wieder an, mich um das zu kümmern, was ich aß, und langsam, aber sicher, mich von den Menschen zu trennen, die eine Spiegelung meiner negativen Einstellung waren.

Warum man nun die eine oder andere Eigenschaft hat, die lähmt und alle positiven Möglichkeiten überschattet, ist sehr schwer und schmerzlich zuzugeben. Es ist wie einen Zahn ziehen. Man hofft immer irreal: Die Schmerzen sind nicht da. Mit Aspirin gehen sie weg. Das war etwas anderes, das waren keine Zahnschmerzen. Auf jeden Fall nicht erkennen wollen, daß es ein schmerzender Zahn ist, der raus muß.

Ist er aber erst mal gezogen, so scheint alles, was vorher unüberwindbar und mies war, ganz leicht zu handhaben. Ist es ja dann auch.

Die Voraussetzung des Positiven ist das Annehmen des Negativen. Ich möchte eine Liste von Situationen aufstellen, die falschen »Jubelsituationen«, in denen Menschen Tatsachen verleugnen und sich dadurch den Weg zu einem realistischen Optimismus versperren. Optimismus und Pessimismus werden gern mit dem Bild verglichen: Sehen Sie das Glas halb voll oder halb leer?

Der Optimist – halb voll, der Pessimist – halb leer.

Ich würde sagen, es kommt darauf an, ob das Glas vorher ganz voll war und ob die erste Hälfte getrunken, verschüttet oder nur zur Hälfte eingegossen worden ist. Der realistische Optimist trinkt die übrige Hälfte mit Genuß und grämt sich nicht um die andere.

1. *Die Sache ist mir sicher.*

Nichts ist sicher. Die Beziehung zu einer Sache ist viel lebendiger, wenn die Möglichkeit des Verlustes nicht ausgeschlossen wird. Zerbricht eine Vase in tausend Stücke, so wird ein Mensch, der die Möglichkeit des Verlustes schon mal »angenommen« hat, sie vorher ganz anders genossen haben. Die Vergänglichkeit der Dinge sollte keine erstarrte Lüge entstehen lassen, sondern eine Freude an der fließenden Veränderung.

Weiterentwickelt könnte man sagen, nur was man weggibt, gehört einem, denn es kann nicht genommen werden. Oft passiert es, daß ein Job, der einem weggenommen wurde, dem »Nehmer« kein Glück bringt. Was man im Augenblick in der Hand hat, ist ganz momentbezogen. Im Moment, auch wenn er Jahre dauert, sollte man Freude daran haben. Nicht an der engstirnigen Hoffnung, es sei von nun an »sicher«.

2. *Mein Ehepartner sieht nie andere an (Ich bin sicher, ich werde nie betrogen).*

Wozu sich durch eine Annahme gefährden. Wenn der Partner in Ihrer Gegenwart viele Ansprüche erfüllt, dann ist es eigentlich egal, was er macht, wenn Sie nicht dabei sind. Das tausendprozentige Verhältnis zu erträumen ist irreal. Jeder Mensch hat Bereiche, die anderen verborgen bleiben. In

234

diese Bereiche auch noch zu projizieren kann nur eine Gefährdung des lichten, bekannten Teiles der Beziehung bedeuten. Man fordert daraufhin oft Geständnisse, die die gesamte Beziehung für immer belasten.

3. *Mein Job ist herrlich!*
Selbst Königinsein hat seine Tücken (siehe Königin von England)! Kein Job kann immer herrlich sein. Diese Annahme ist ein Wegbereiter für Katastrophen. Die Schwierigkeiten wegzuleugnen bedeutet, sich Entwicklungsmöglichkeiten zu rauben.

4. *Meine Partnerbeziehung ist gut, wir streiten uns nie.*
Wenn Sie wirklich eine gute Beziehung haben, in der beide Partner gleichberechtigt »leben«, ist dieser Zustand nicht möglich. Verschiedene Temperamente haben verschiedene Wünsche, ärgern und freuen sich über Unterschiedliches. Das muß zwangsläufig zu gelegentlichen Reibereien und eben sogar Streit führen. Ist das nicht so, gibt es nur zwei Möglichkeiten: Entweder Sie gehören zu den großen Ausnahmen (Chance 1:1000000) oder Ihre Beziehung ist längst tot – Sie haben sich in Wirklichkeit nichts mehr von Belang zu sagen.

5. *Meine Eltern und ich, wir lieben uns immer.*
Wenn die Möglichkeit zu spontaner Wut und Ärger genommen ist, breitet sich schwelender Haß aus. (Meine Kinder und ich haben immer laut und deutlich unseren gelegentlichen Mißmut aneinander ausgedrückt.) Wer immer liebt, liebt nie. Gerade über Auseinandersetzungen entsteht eine gewisse Festigkeit. Sicher nicht durch Spannungen, die dann entstehen, wenn der irreale Anspruch einer dauernden und immer-

währenden Liebe aufgestellt wird. Wenn das Kind die Zahn-
pasta als dekoratives Element im Schlafzimmer verteilt hat,
wäre es geradezu unfair, zu behaupten, man liebe es dafür.
Wenn ein Elternteil aus verlagerter Aggression sich dem Kind
gegenüber unfair verhält, kann man dann dafür Ausdrücke
der Liebe erwarten? Wut, Ärger und Verzweiflung echt und
im Verhältnis zur Tat gezeigt sind eine ehrliche Liebe.

6. *Es gibt Menschen und Autoritäten, denen ich bedingungslos*
   vertrauen kann.
   Mit dieser Einstellung macht man sich selbst zum Opfer. Sie
   ist dem anderen gegenüber fast schon eine Erpressung. Vertrauen ist Selbstvertrauen. Da ist es angebracht. Daran kann
   gearbeitet werden. Daran kann man jeden Tag polieren. Ich
   bin mit mir selbst so weit im reinen, daß ich meiner Entscheidung trauen kann. Habe ich den richtigen Blick, um jemanden zu beurteilen? Habe ich das richtige Obst gekauft, den
   richtigen Arzt gewählt, eine mir entsprechende Religion,
   eine meinen moralischen Prinzipien entsprechende Partei
   gewählt?
   Sie wollen doch nicht blind vertrauen. Nach eigener Über-
   prüfung jedoch können Sie jemanden Ihr (Selbst-)Vertrauen
   schenken. Aber nicht für immer oder bedingungslos.
   Beispiel: Sie haben einen exzellenten Zahnarzt. Bei dem
   heutigen Termin für einen chirurgischen Eingriff sind Sie
   nervös. Er ist es auch. Sie merken es und sprechen darüber.
   Er bekommt gerade eine Grippe. Sie machen einen neuen
   Termin aus. Sie vertrauen sich und ihm.

7. *Wenn ich immer das Richtige esse, werde ich nie krank.*
   Mit einer gesunden Ernährung sorgen Sie dafür, daß Ihr

Körper widerstandsfähig ist. Sie belasten ihn nicht. Ihre Umgebung ist davon nicht beeinflußt. Dort lauern Viren auf geeignete Opfer. Sie können gelegentlich krank werden, nur werden Sie anders damit fertig. Das kann so weit gehen, daß Sie eine Lungenentzündung nicht richtig merken (ist mir passiert). Man fühlt sich etwas schwächer, aber es haut einen nicht so schnell um.

8. *Ich werde um meiner selbst willen geliebt.*
Das hieße, daß der Liebende genau die gleichen Vorstellungen von Ihrem »Selbst« hat wie Sie. Das ist schwer möglich, da Sie aus zwei verschiedenen Blickwinkeln mit verschiedenen Assoziationen sehen. So kann es sein, daß Sie denken, er liebt Sie wegen Ihres Witzes, er liebt Sie aber wegen Ihres Gulasch. Das köstliche Gulasch gehört für ihn zu Ihrem Selbst. Liebe ist beweglich. Das Selbst auch.

9. *Ich bin normal, die anderen spinnen.*
»Normal« ist eine kulturell entwickelte Vorstellung, die von Kulturkreis zu Kulturkreis variiert. In Papua-Neu-Guinea gilt es als normal, sich ein kleines Stückchen Finger oder ähnliches abzuschneiden, um seine Trauer über einen Verstorbenen zum Ausdruck zu bringen. Bei uns würde man nach einer solchen Tat sofort psychiatrisch behandelt. Das heißt, die beiden Vorstellungen von Normalität sind nicht deckungsgleich. Wenn jedoch Sie allein etwas entwickelt haben, was *nur* für Sie normal ist und für alle anderen verrückt, so lohnt es wenigstens zu untersuchen, ob die anderen nicht vielleicht doch recht haben.
Beispiel: Sie sammeln etwas, das Ihnen gefällt. Langsam entwickelt sich daraus eine Monstersammlung. Verschiedene

Menschen sagen unabhängig voneinander, Ihre Sammelleidenschaft hätte schon *ver-rückte* Ausmaße angenommen. Überprüfen Sie, ob Ihnen da nicht etwas entglitten ist.

10. *Ich bin o.k., also muß ich so viel Glück bekommen, wie mir zusteht.*
Das Maß an Glück mit Gerechtigkeit in Verbindung zu bringen ist nicht nur vermessen, sondern auch blauäugig. Mit dem Anspruch »Ich muß« sind Sie bereits so verkrampft und zwanghaft, daß Sie Ihr wahres Glück gar nicht mehr erkennen könnten, selbst wenn es Ihnen auf dem Silbertablett serviert würde. Der (entspannte) Wille, glücklich (und zufrieden) zu sein, hilft viel dazu, es auch zu werden. Mit verbohrter Blindwütigkeit erreichen Sie mit absoluter Sicherheit genau das Gegenteil.

Ändere, was zu ändern ist.
Akzeptiere das Unabänderliche.
Sieh der Wahrheit ins Auge.
Du kannst die Wahrheit verändern, nicht durch Lügen, sondern durch das Annehmen von Tatsachen als Voraussetzung für einen realistischen Optimismus.

Zur Änderung meiner Person:
Ich stehe immer am Anfang meines restlichen Lebens...
Das Erreichte zehn Jahre später:
  * Meine Kinder sind von allein zu mir gekommen, denn sie fanden bei mir eine Atmosphäre der Geborgenheit. Trotz meiner unruhigen Arbeit ist mein Zuhause stabil. Meine

ältere Tochter ist flügge. Als ich sie mit Neunzehn bekam, dachte ich: Wenn du sie wirklich liebst, wird sie früh von dir gehen können.‹

* Ich habe akzeptiert, daß viele Leiden durch mich möglich waren, und stehe positiv zu meinen »Peinigern«. Denn ohne mein Zutun hätten sie nicht so viel anrichten können.

* Meine Beziehungen sind keine Ersatzbeziehungen mehr. Die Kinder sind Kinder, die Männer Freunde, die Frauen Freundinnen.

* Ich verdiene mit meiner Kreativität Geld. Als ängstlicher, negativer Mensch hätte ich mich das alles nicht getraut.

**Feuerabendt, Sigmund /
Hammer, Oscar**
Yoga-Therapie
Der natürliche Weg zur
Gesundheit.
Yoga ist eine uralte
Sammlung von Erfahrungen über unseren Körper,
Seele und Geist, über
deren Funktionen, natürliche Fähigkeiten und
innere Möglichkeiten. In
diesem mit Bildern und
Übungen ausgestatteten,
sehr praxisorientierten
Buch, erläutert der Autor
seine Yoga-Therapie.
288 S. mit Abb. [7731]

**Galton, Lawrence /
Friedmann, Lawrence W.**
**Was tun, wenn der
Rücken schmerzt?**
»Zahllos sind die Aufklärungsbücher über Wirbelsäulenbeschwerden. Aber
nur wenige orientieren
den Patienten über Ursachen und Zusammenhänge so gut wie dieses
Buch.«
288 S. mit 58 Abb. [4302]

**Gesundmacher und
Seelenheiler**
Wenn die Schulmedizin
nicht mehr weiter weiß:
außergewöhnliche Therapien für Körper und Seele.
144 S. [4325]

Hinkelmann, Klaus-G.
**Das Aussteigerprogramm
für Raucher**
Ein Selbsthilfe-System für
alle, die nicht mehr rauchen wollen. 144 S. [7661]

Kaufmann, Christine
Körperharmonie
Schönheit und Gesundheit
als Spiegelbild bewußter
Lebensgestaltung.
Ein Handbuch für alle, die
auf eine ganzheitliche
Pflege von Körper und
Seele setzen wollen. 238 S.
mit 14 s/w-Abb. [7721]

**Knaurs
Gesundheitslexikon**
Der zuverlässige Ratgeber
für Gesunde und Kranke –
ein langbewährtes
Nachschlagewerk für die
Familie.
960 S. mit 195 Abb. [7002]

Kneipp, Sebastian
Meine Wasserkur
Kneipps Gesundheitslehre.
288 S. mit Abb. [4314]
So sollt ihr leben
Kneipps weltberühmter
Ratgeber in zeitgemäßer
Bearbeitung. 320 S. [4313]

Zi, Nancy
Die Kunst, richtig zu atmen
Dieses Buch erklärt
anhand von 30 Übungen,
wie jedermann lernen
kann, seine Atmung in
Energie umzusetzen. Es
zeigt, wie wir ein stabileres Gleichgewicht und
größere innere Kraft
erlangen und Geist und
Körper besser koordinieren können.
192 S. mit Abb. [7729]

Medizin und Gesundheit